MAISONS D'ARCHITECTES
EN BOIS

JOËL CARIOU

MAISONS D'ARCHITECTES EN BOIS

3e édition

Maisons d'architectes, volume V

ÉDITIONS ALTERNATIVES

Sommaire

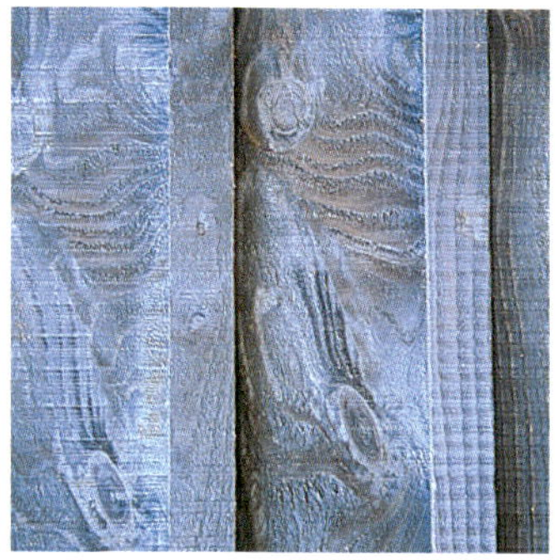

Introduction

Riche de 15 millions d'hectares, la surface boisée de la France, composée pour les deux tiers de feuillus – essentiellement chênes, hêtres et châtaigniers – et d'un tiers de résineux, occupe plus du quart du territoire métropolitain. Chaque année on plante beaucoup plus d'arbres qu'il n'en disparaît. Ce bilan positif de la sylviculture fait que la France dispose d'un vaste gisement potentiel de bois. Par ailleurs, toutes les essences en provenance des pays tropicaux sont aujourd'hui soumises à de nombreux contrôles, veillant à ce que les grumes proviennent exclusivement de plantations autorisées.

Seul matériau de construction entièrement renouvelable, le bois contribue à préserver l'environnement car pendant leur croissance, les arbres produisent de l'oxygène et absorbent du gaz carbonique, réduisant ainsi l'effet de serre. D'autre part, le bois est le matériau de construction le plus économe en énergie lors de sa transformation en produits manufacturés pour le bâtiment. Il possède aussi un fort pouvoir isolant et la plus fiable conductibilité thermique des matériaux structurels, évitant ainsi les ponts thermiques. Enfin, la faible inertie thermique d'une maison en bois autorise une montée rapide en température avec une faible puissance de chauffage. Matériau naturel et sain, assurant une régulation de l'hygrométrie été comme hiver, électriquement neutre, le bois ne modifie pas le champ électromagnétique terrestre au sein des constructions. Toutes ces caractéristiques en font le matériau écologique par excellence.

Utilisé pour la structure des bâtiments ou pour leur vêture, voire pour les deux, le bois présente comme spécificité une relative légèreté minimisant l'impact sur le sol du bâtiment et favorisant son insertion au sein d'un site paysager. Comparée à une construction "traditionnelle", la préfabrication en atelier de nombreux éléments autorise une mise en œuvre plus courte (une à deux semaines pour le clos et le couvert) avec des chantiers à l'infrastructure légère et propre. Sur le plan esthétique, la structure en bois offre une grande liberté formelle et permet une adaptation aisée pour d'éventuelles modifications ultérieures.

Ludique, sensuel, chaleureux, procurant une sensation de confort, il est, contrairement aux idées reçues, un matériau très résistant et pérenne (les fondations de Venise ne reposent-elles pas depuis des siècles sur des pieux en bois !). Autant de qualités qui, alliées aux préoccupations écologiques en termes d'environnement et d'habitat, expliquent sans doute le fort engouement que rencontre actuellement ce matériau auprès des architectes et des maîtres d'ouvrage.

La série *Maisons d'architectes* se devait de rendre hommage à cette nouvelle tendance de l'architecture contemporaine.

Maison à Puys

Christophe Bidaud

Délicatement posée sur la falaise à Puys, en Seine-Maritime, cette maison dessinée par l'architecte Christophe Bidaud domine l'entrée du port de Dieppe. Avec son singulier volume cylindrique émergeant de son toit métallique, réalisé en zinc et assimilable au château d'un navire, elle semble être venue s'arrimer là quelque temps avant de poursuivre son périple. Érigée sur pilotis, la construction préserve ainsi au maximum le site naturel et diminue l'impact visuel du bâti en évitant la création d'un soubassement classique inéluctablement plus conséquent. Ces pilotis, d'un diamètre de 25 cm, sont en béton armé et reposent sur des fondations en puits (1 m x 1 m x 1 m). Ils ont été coulés sur place à l'aide d'un coffrage tapissé de Téflon, ce dernier assurant au béton une finition parfaite et un toucher agréable.

Plan de masse

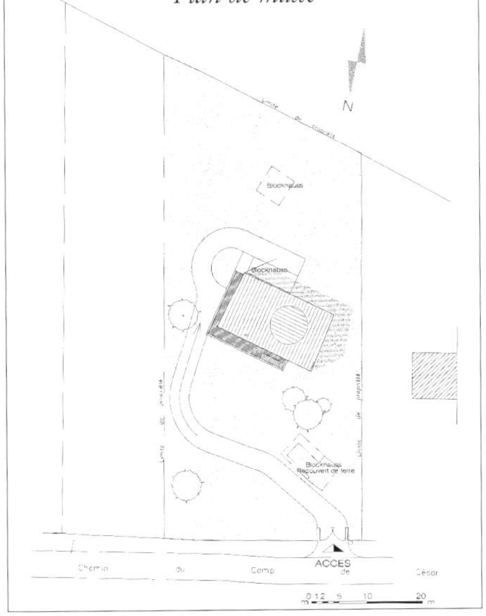

La structure principale de la maison est en sapin du nord sur laquelle a été posée une peau extérieure en clins de mélèze pour le premier niveau et en clins de pin étuvé pour le volume cylindrique de l'étage. La terrasse extérieure est réalisée en lames de pin autoclavé (largeur de 160 mm, épaisseur de 28 mm). Les menuiseries présentent une structure mixte, à savoir, bois pour l'intérieur et aluminium laqué pour l'extérieur. Le revêtement de sol est également en bois avec du parquet en teck pour le séjour et du Triply (aggloméré de bois économique et très résistant) dans les autres pièces.

Au rez-de-jardin, l'espace libéré sous la maison grâce à la construction sur pilotis abrite une vaste aire de stationnement pour les véhicules. Au premier niveau se déploient le hall d'entrée, le salon, le séjour, la cuisine, quatre chambres, une salle d'eau et des sanitaires. À l'étage se situe la chambre des parents – jouissant d'une superbe vue sur la mer – avec dressing, salle de bains et toilettes.

Année d'achèvement : 2002
Surface habitable : 150 m²

Au premier plan, à gauche, escalier débouchant sur la terrasse avec en perspective une vue sur la Manche.

Façade est, avec à gauche à l'horizon, l'entrée du port de Dieppe.

PLAN DE L'ÉTAGE

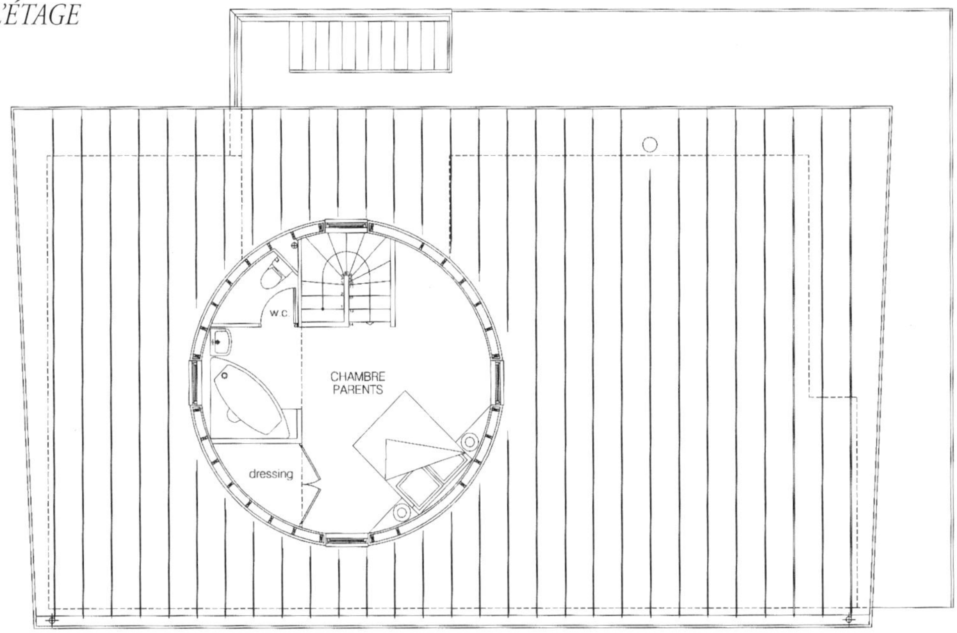

PLAN DU REZ-DE-CHAUSSÉE

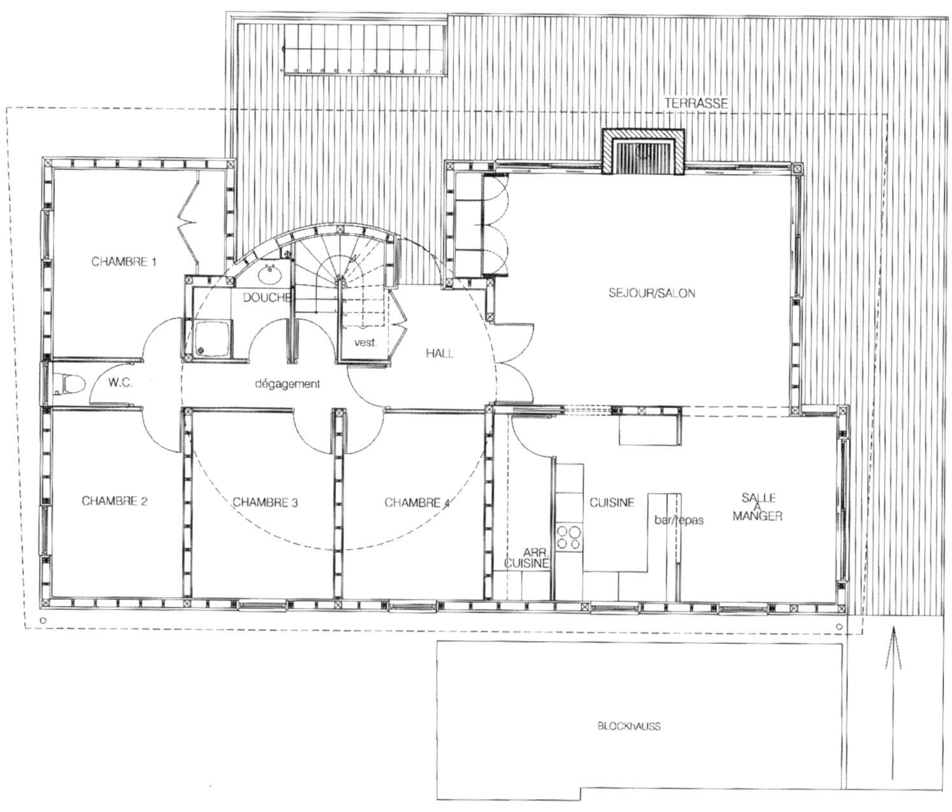

COUPES

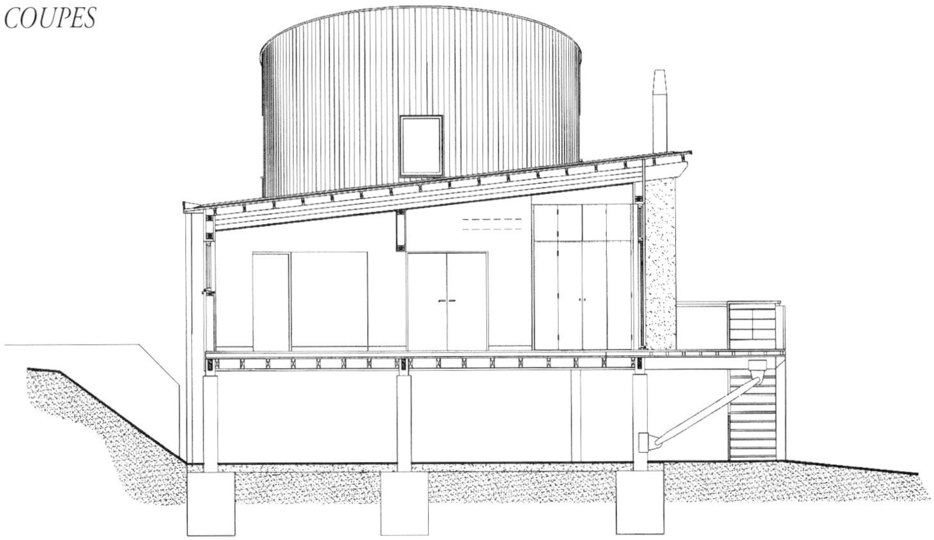

“Concevoir et construire une maison particulière est une aventure humaine très enrichissante. L'architecte ne peut, ne doit être réduit à sa seule dimension de technicien, mais au contraire, doit chercher à créer des plates-formes de dialogue. Ces plates-formes permettent alors aux clients d'exposer leur conception librement, mais leur permettent également de regarder à travers les fenêtres culturelles ouvertes par l'architecte. Ce projet est la concrétisation de ce travail.”

Christophe Bidaud

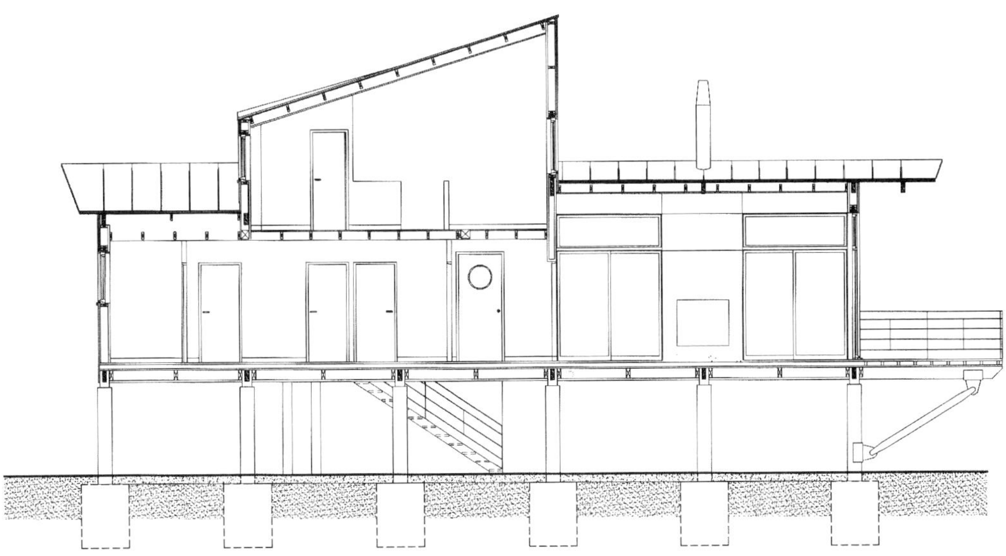

Détail du volume abrité de l'entrée.

Salon bénéficiant d'une double orientation.

Façade sud avec le volume cylindrique de la chambre des parents émergeant du toit.

Des jambes de force métalliques étayent la terrasse autorisant ainsi un porte-à-faux important.

Gros plan de la fixation de la jambe de force sur le pilotis en béton.

Maison La Quadra

Antonino Cascio

Dans les Alpes-Maritimes, à quelques centaines de mètres du village de Saint-Paul-de-Vence et de la fondation Maeght, l'architecte Antonino Cascio a construit sa maison, résolument contemporaine, au milieu des chênes et des pins, sur un terrain s'étageant en pente douce vers le sud.

Le parti architectural a été déterminé par la volonté de préserver le terrain dans son état d'origine et de conserver tous les arbres existants – chênes communs, chênes verts, pins – afin de faire pénétrer la nature au sein de la maison. Le choix d'une construction à ossature bois, matériau léger et vivant, s'est naturellement imposé pour éviter tout dommage au terrain et aux racines des arbres par des engins de chantiers destructeurs.

Parallélépipède de bois et de verre, la maison se cache au nord, derrière un mur-écran revêtu d'un bardage en iroko, et s'ouvre pleinement au sud sur une terrasse en bois suspendue au milieu des arbres. Les pignons est et ouest, enduits à la chaux colorée aux pigments naturels ocre rouge, rappellent la couleur des pierres du terrain et la chaleur méditerranéenne.

Flottant telle une toile tendue – dont le débord au sud sur la terrasse est supporté par de fins poteaux métalliques –, une toiture protège l'ensemble des chutes de feuilles et de branches. La structure en est faite d'arcs en bois lamellé-collé avec une membrane en PVC armé pour l'étanchéité. De larges trouées dans le toit autorisent le passage des arbres et génèrent des échappées visuelles vers le ciel ainsi que d'inconstants jeux de lumière.

L'accès à la maison s'effectue par une passerelle métallique au niveau du premier étage (voir coupe). Dès l'entrée, la façade vitrée au sud appelle le regard vers l'extérieur et vers la forêt. Ce hall d'entrée, qui se prolonge en mezzanine sur le séjour, donne accès aux quatre chambres et aux salles de bains. Le rez-de-chaussée prolongé par la terrasse est une "pièce unique" en relation directe avec l'extérieur. Différents espaces y sont aménagés – coin cheminée, salle à manger, espace de réception et de vie –, tant à l'intérieur qu'à l'extérieur. La cuisine, sobre et fonctionnelle, possède son jardin d'herbes aromatiques.

Année d'achèvement : 2002
Surface habitable : 260 m² + 100 m² de terrasse

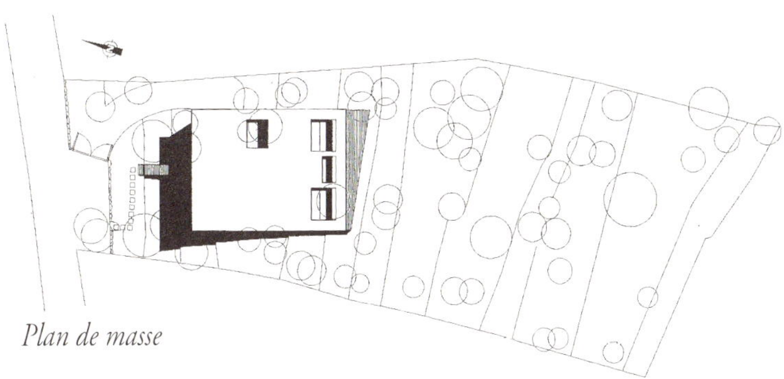

Plan de masse

Passerelle d'accès ponctuée au centre par un chêne vert. Cette façade est constituée de panneaux de 2 m x 2 m, composés de lames d'iroko de 10 cm biseautées à 45° et espacées de 1 cm afin de créer une circulation d'air. Ces lames sont fixées par derrière à l'aide de vis inox sur lambourde.

Vue de la terrasse se déployant en porte-à-faux.

Façade est avec le patio.

Façade sud entièrement vitrée. Notez les larges trouées du toit étayé par de fins poteaux métalliques.

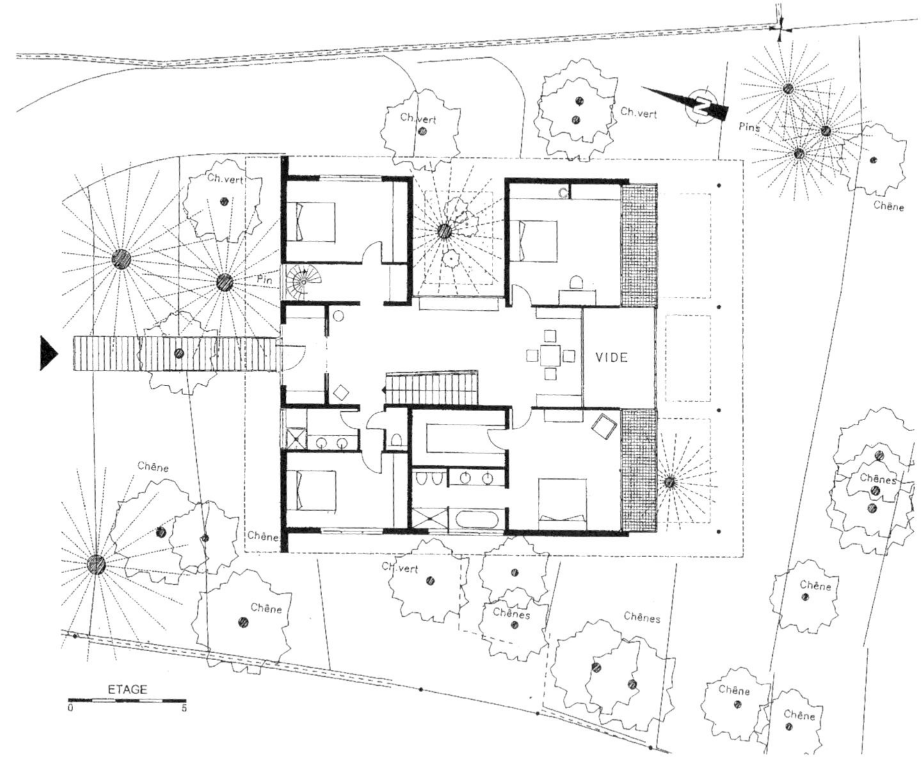
Ch.vert
Ch.vert
Pins
Chêne
Ch.vert
Pin
VIDE
Chêne
Chênes
Chêne
Ch.vert
Chêne
Chênes
Chênes
Chêne
Chêne
Chêne
ETAGE
0
5

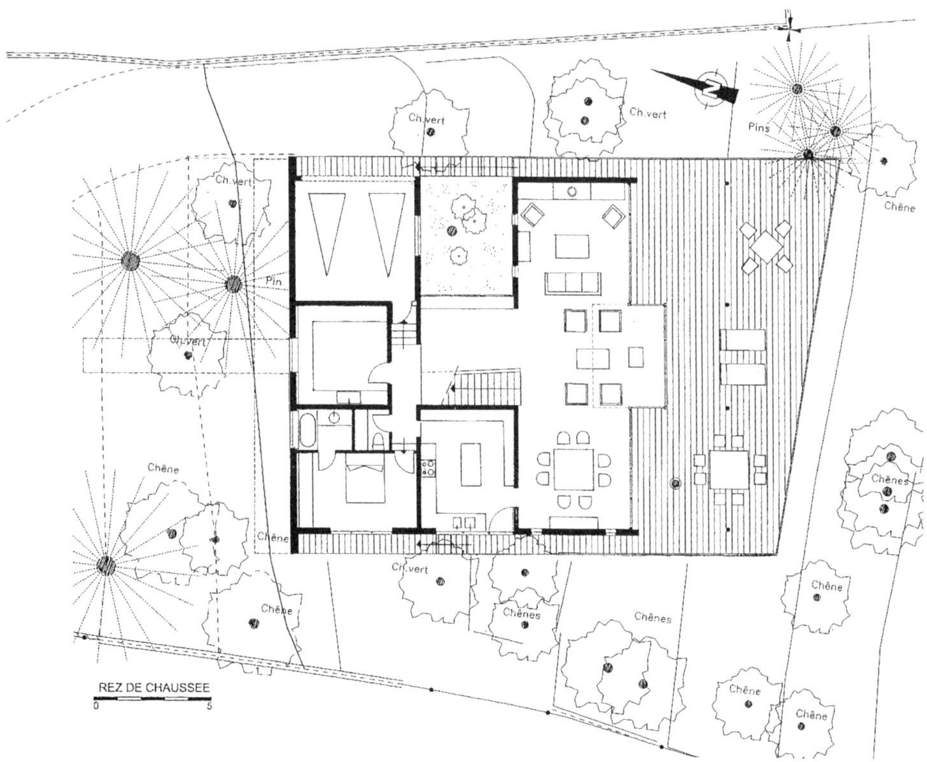
Ch.vert
Ch.vert
Pins
Ch.vert
Chêne
Pin
Ch.vert
Chêne
Chênes
Chêne
Ch.vert
Chêne
Chênes
Chênes
Chêne
Chêne
Chêne
REZ DE CHAUSSEE
0
5

Vue depuis le seuil de l'entrée sur le hall d'étage. À gauche, devant le banc en bois, la baie vitrée donnant sur le patio. À droite, l'escalier menant au niveau principal.

Vue depuis la mezzanine qui donne sur le salon. Notez à ce niveau le décrochement de la façade qui s'avance tel un bow-window, avec de part et d'autre le balcon des chambres.

Vue du salon et du séjour. Les fauteuils sont des créations de Le Corbusier, Pierre Jeanneret et Charlotte Perriand (éditeur Cassina).
À droite du fauteuil, table-chaise Lola Mundo dessinée par Philippe Starck (éditeur Driade).

À gauche, la partie du salon en saillie par rapport à la façade. En haut à droite, l'extrémité de la mezzanine.

Vue de la cuisine située côté ouest.

Salle d'eau à l'étage. Le caillebotis du bac de douche et le plancher sont en iroko. Ce dernier est posé ici suivant la technique des ponts de bateaux (joint étanche spécial posé à la pompe puis poncé). Le plan de la vasque à gauche est en lave brute.

Des raies de lumière éclairent le mur du patio qui se prolonge à l'intérieur de la maison. Derrière ce mur se situe l'accès au garage.

Le coin-salon avec à gauche le patio.

Détail du balcon d'une des chambres à l'étage avec son caillebotis métallique.

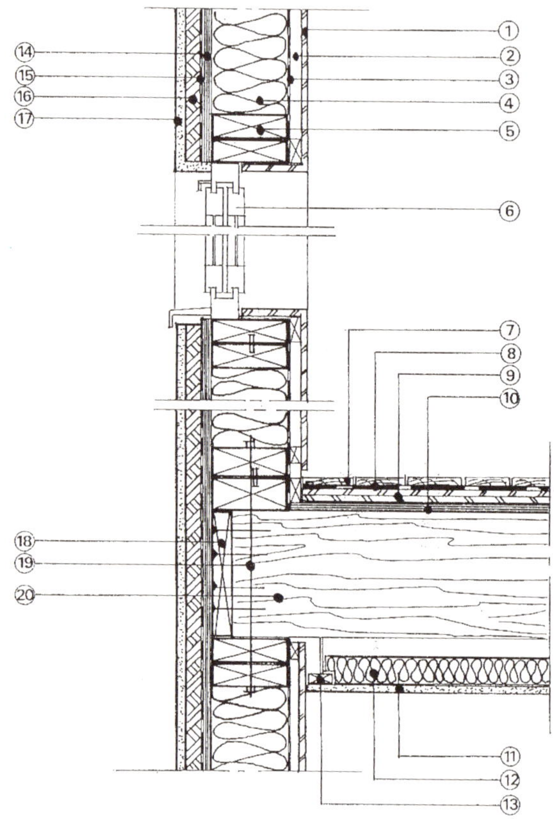

COUPE TRANVERSALE DE DÉTAIL SUR FAÇADE ET PLANCHER ÉTAGE
(Version enduit chaux)

1- FERMACELL 10 mm
2 - SUPPORT FERMACELL 20 mm
3 - PARE-VAPEUR CONTINU
4 - ISOLANT THERMIQUE
5 - STRUCTURE BOIS DU NORD 140 x 45
6 - MENUISERIE ALUMINIUM
7 - PLANCHER IROKO COLLÉ
8 - FEUTRE ACOUSTIQUE ACCOUFLEX
9 - PLAQUE DE SOL FERMACELL 2E31 (2 x 10 mm + 10 mm fibre bois)
10 - OSB 3 PLUS KRONOPLY 16 mm
11 - FAUX PLAFOND BA 13
12 - MODULE CHAUFFANT
13 - SUSPENTE
14 - OSB 3 KRONOPLY 15 mm
15 - PARE-PLUIE
16 - FIBRALIT 24 mm
17 - ENDUIT CHAUX GRASSE (coloré aux pigments naturels) 20 mm
18 - POUTRE DE RIVE 220 x 40 mm
19 - LIAISON PANNEAUX SUPERPOSÉS
20 -SOLIVE PLANCHER 220 x 120 mm

“On pourrait se croire dans « Le Baron perché » d'Italo Calvino et l'appeler « La maison dans les arbres »…
Envoûtés par ces grands chênes et ces pins qui poussaient librement sur le terrain, nous avons décidé de les respecter et d'en faire des complices. Sentir chaque jour vibrer la lumière du soleil à travers la frondaison des arbres nous apporte un immense plaisir et une grande sérénité.
En choisissant la sobriété et la transparence, nous avons créé un espace de vie alliant confort, liberté et respect de la nature : c'est peut-être le rêve de demain !”

Antonino Cascio

Vue sur la frondaison des arbres depuis le balcon de la chambre des maîtres de maison.

Maison dans l'Aube

Christian Colomès

Au sud de Troyes dans l'Aube, l'architecte Christian Colomès a édifié cette maison de campagne en plein champ. Le mimétisme de la construction, grâce à l'habillage des façades en cèdre rouge laissé brut, et sa grande longueur par rapport à sa largeur ancrent fortement la maison dans son site. Dans cette région, à savoir le sud-est du département, la prédominance des forêts et des prairies – Champagne humide, pays d'Othe – explique qu'autrefois le bois était le matériau utilisé pour toutes les constructions.

Le bâtiment se présente sous la forme de deux corps de taille différente reliés entre eux longitudinalement au niveau du toit par un large chéneau. Outre son aspect formel, l'édifice se singularise par son système d'occultation composé de grands panneaux coulissants en bois permettant très rapidement de clore et de sécuriser les espaces intérieurs et aussi de moduler la lumière et l'espace entre le dedans et le dehors.

La structure, sur laquelle a été posé le bardage en cèdre rouge, est réalisée en métal (IPN laqué noir) et repose sur un socle en béton haut d'une cinquantaine de centimètres. Les terrasses sont en iroko et se développent en porte à faux par rapport à ce socle maçonné en prenant appui sur une ossature en acier galvanisé. La toiture est réalisée en plaques d'acier ondulées qui présentent, entre autres caractéristiques, de supprimer tout bruit sous la pluie et la grêle (système de couverture Ondulit en acier galvanisé à protection anticorrosive multicouche).

L'espace intérieur se caractérise par sa grande fluidité. Ainsi la cuisine – située avec le volume de l'entrée, le cellier et les sanitaires, dans le corps arrière du bâtiment – est-elle séparée partiellement de l'espace à vivre par un meuble de rangement. De même, seul un pan de mur isole et préserve l'intimité de la chambre qui s'ouvre côté opposé sur une terrasse abritée que jouxte une pièce indépendante dévolue au rangement. Grâce aux panneaux coulissants de la façade, cette terrasse peut être fermée.

Année d'achèvement : 1997

Surface habitable : 100 m² + 60 m² de terrasses

COUPE

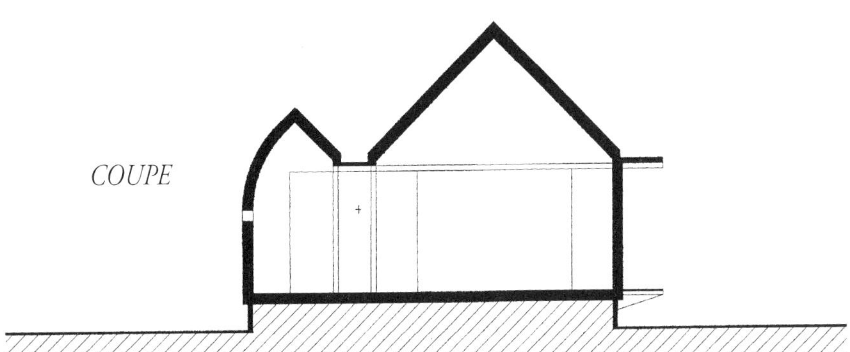

Vue de la maison avec les panneaux coulissants fermés.

La terrasse abritée cadre une magnifique vue sur la campagne. Remarquez à droite le paysage qui se reflète dan la baie vitrée de la chambre.

Elégance et simplicité du volume bâti.

Notez la finesse du profil du toit avec, aux deux extrémités, les larges chéneaux en inox qui collectent les eaux de pluie.

Une élégante girouette ponctue le faîtage. À droite du volume principal, la partie de la maison abritant l'entrée, la cuisine, le cellier et les sanitaires.

Vue de la cuisine depuis l'entrée avec au fond la porte du cellier.

Sous la bande vitrée qui file sur toute la longueur de la pièce une étagère en tôle pliée intègre l'éclairage du plan de travail.

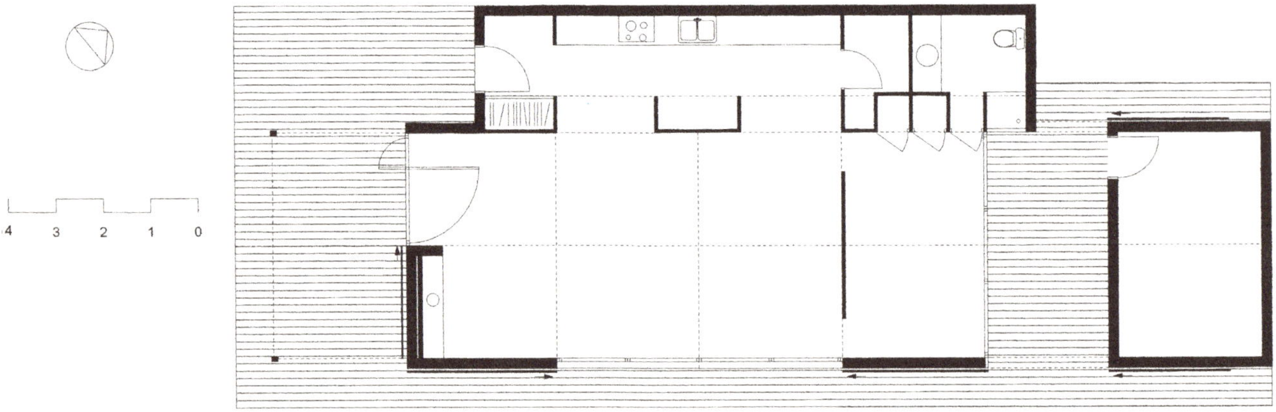

PLAN DU REZ-DE-JARDIN

“Transformer le moins possible l'équilibre naturel d'un lieu préservé entre pâturages et forêt. Observer à maintes reprises le déplacement du soleil, la lumière, la pluie, le sens du vent, les arbres, les vues avant de commencer à dessiner un volume simple posé sur la prairie qui s'étire en longueur dans le paysage.

Comme les bâtiments traditionnels ruraux, la façade principale est tournée vers le sud-est alors que la façade nord-est est protégée par une retombée cintrée du toit à la manière des toitures en basse goutte.

Les prolongements extérieurs par terrasses et coursives, qui flottent au-dessus du sol, et les grandes ouvertures, qui offrent des cadrages variés, créent un rapport étroit avec la nature environnante. La maison est ainsi vécue en tous temps entre intérieur et extérieur. Architecture et paysage ne sont pas dissociables.

Faire simple. Cette petite habitation est l'archétype de la maison – un toit à deux pentes ponctué par une cheminée – représentation primitive, dessin d'enfant.”

Christian Colomès

La terrasse et la coursive extérieure, qui borde la façade principale, se développent en porte à faux et surplombent le sol d'une cinquantaine de centimètres.

Vue du séjour avec à droite le meuble blanc délimitant la cuisine.

Les rails des panneaux coulissants ont été fixés à l'intérieur des profilés de la structure métallique de la maison.

Terrasses et volumes intérieurs s'ouvrent largement sur le paysage.

Maison Kotaniji

Sonia Cortesse

Située à l'extrémité d'un hameau à Autheuil dans le Perche, la maison Kotaniji, œuvre de l'architecte Sonia Cortesse, jouit d'une vue panoramique sur la vallée de la Commeauche. Épousant la pente du terrain, elle se présente sous la forme d'un parallélépipède coiffé d'une toiture courbe en zinc et offre deux niveaux d'habitation.
Le choix d'une maison à ossature bois a répondu pleinement au programme du maître d'ouvrage, à savoir la création d'un univers domestique proche de l'art de vivre japonais et aussi le souhait de construire une habitation bioclimatique.
Ce bâtiment à haute qualité environnementale, désigné dans le jargon professionnel par le label HQE, a induit la conception même de la maison et a conduit l'architecte à sélectionner rigoureusement les matériaux avec la prise en compte de leur cycle de vie.
Ainsi, le toit descend très bas côté nord et s'élève largement en façade sud pour laisser pénétrer les rayons du soleil l'hiver. De même, son large débord sur cette façade protège la terrasse et l'espace intérieur des effets de serre durant l'été.
La structure de la maison – en sapin de Douglas – est constituée de longs arbalétriers prenant appui au nord sur un mur à ossature bois et au sud sur une enfilade de poteaux en bois lamellé-collé, placés en avant de la façade afin de la libérer de tout rôle porteur. Le bardage extérieur ainsi que les plafonds sont en cèdre rouge. La terrasse extérieure est en padouk (bois tropical), le parquet intérieur en hêtre massif huilé. La prise en compte du climat a conduit l'architecte à créer au nord une zone formant un tampon thermique. Cette zone accueille l'entrée, la cuisine, le cellier, les sanitaires et une salle de bains. Toutes ces pièces communiquent grâce à des portes coulissantes avec l'espace à vivre, baigné de lumière par la façade sud presque entièrement vitrée. Cet espace se caractérise par la présence de deux jardins. Le premier, un jardin japonais, s'ouvre sur l'extérieur et le ciel grâce à une ouverture dans le toit. Le second, le jardin d'hiver, se situe au niveau bas de la maison mais son volume en occupe toute la hauteur. Par effet de serre, il emmagasine la chaleur durant la journée grâce à l'inertie de sa structure en maçonnerie pleine et la restitue ensuite lors de l'abaissement de la température extérieure. À ce niveau se situent également un sauna, une buanderie, des sanitaires, un dressing, une chambre et un bureau.

Année d'achèvement : 1999
Surface habitable : 280 m²

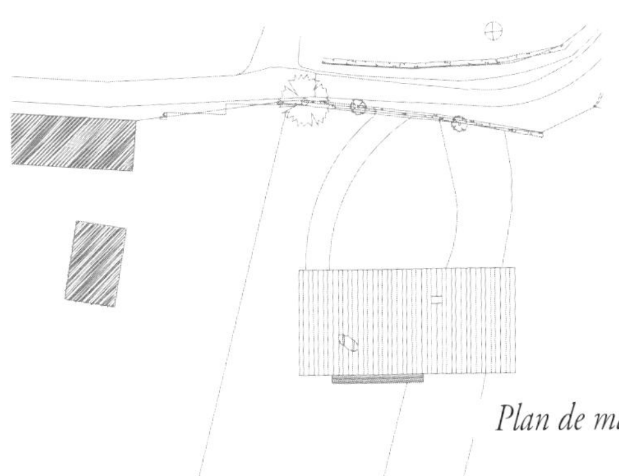

Plan de masse

Encastrement du bâtiment dans la pente.

Façade nord, les volets fermés créent une surface rigoureusement plane exceptée la fenêtre oblique en saillie de la cuisine qui offre une vision panoramique et agrandit le plan de travail.

Au milieu de la façade, des volets à lames orientables en cèdre rouge coulissent et se replient en accordéon, régulant ainsi à souhait l'éclairage de la pièce à vivre.

Le jardin japonais avec l'ouverture elliptique dans le toit. Des volets qui coulissent sur la partie gauche permettent de clore cet espace.

Vue de la terrasse avec le large débord du toit (2,50 m de porte à faux).

Au premier plan, le dojo avec à gauche, le mur blanc qui circonscrit le jardin d'hiver. Le plafond est réalisé en lames de cèdre rouge.

Vue de la salle à manger au ras du sol. À gauche, on aperçoit la grille du caniveau abritant le radiateur.

Un jeu de portes en accordéon module l'espace. À gauche, derrière le claustra, l'escalier menant au niveau inférieur.

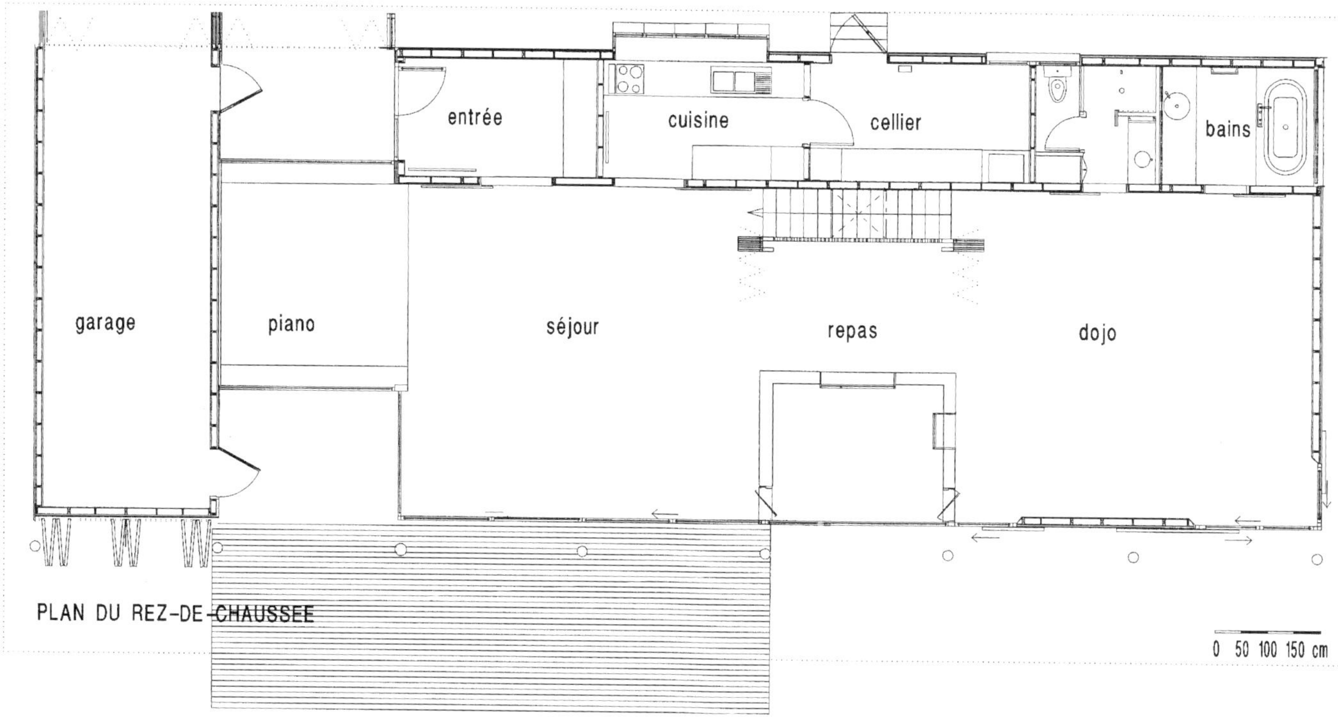

PLAN DU REZ-DE-CHAUSSEE

“Une démarche environnementale est construite sur l'anticipation. Elle conduit à des choix hiérarchisés et raisonnés de systèmes constructifs, de formes et d'esthétique, de matériaux et de procédés. Ils doivent tenir compte de l'impact de la construction sur l'environnement sur la santé pendant l'ensemble du cycle de vie de la construction.

En respectant certaines conditions, le bois est un matériau environnemental très durable. Seul ou en association avec d'autres matériaux, il se prête à de multiples mises en œuvre esthétiques et peut répondre à un grand nombre de cahiers des charges ou de rêves.

La gestion des eaux usées utilise les capacités d'épuration des plantes. Le principe est de faire circuler les eaux le long d'une pente dans une série de bassins étanches plantés d'iris et de roseaux. Le traitement s'effectue par filtration à travers différentes couches de matériaux drainants, sables, graviers et galets. Les végétaux éliminent les éléments organiques, contribuent à la réduction des bactéries et aident à la sédimentation des particules en suspension. Ce système d'épuration ne nécessite ni dépense d'énergie, ni apports chimiques. Ses performances sont comparables à celles d'une fosse septique et son entretien se réduit à un faucardage annuel.”

Sonia Cortesse

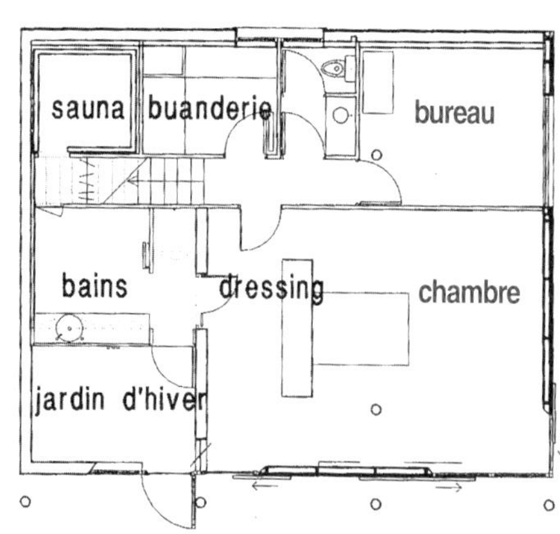

PLAN DU REZ-DE-JARDIN

Au centre de la pièce, une réserve dans le parquet en hêtre accueille un sol en tatamis fabriqués en paille de riz. Dans le prolongement du plafond, remarquez l'imposte vitrée qui éclaire et amplifie le volume de la pièce.

Accessible directement depuis l'extérieur, le jardin d'hiver héberge un grand bain réalisé en lames de châtaignier. Derrière la vitre, la salle d'eau.

Volume du jardin d'hiver se développant sur deux niveaux, vu de bas en haut.

Salle de bains à l'étage.

Maison à Chailly-en-Bière

Cécile Courtey - Christophe Lab

À Chailly-en-Bière près de Fontainebleau, les architectes Cécile Courtey et Christophe Lab ont imaginé cette maison-sculpture en procédant à la reconfiguration complète d'une petite construction traditionnelle sommaire. La parcelle, vaste terrain arboré en limite de forêt, se situe dans un site inscrit avec de fortes contraintes réglementaires comme celle du plafonnement des extensions à 20 % par rapport à l'existant. L'autre contrainte inhérente à la parcelle est la présence d'une autre habitation avec une piscine, entité globale ayant son caractère et son fonctionnement propre.

Toutes ces contraintes et les souhaits des clients ont déterminé le parti architectural, à savoir la construction sur la base existante d'un pavillon avec un niveau supplémentaire ayant un fonctionnement autonome, un accès indépendant et pas de vues directes sur la piscine et la maison préexistantes.

Très sculptural, le nouvel édifice se caractérise par le contraste des formes, des matières et des couleurs. L'habitation proprement dite est recouverte d'un bardage en pin traité en autoclave sur ses façades principales. Le garage, également habillé de bois, s'érige tel un paravent brise-vue et sert de socle à une construction aux formes souples (recouverte d'un enduit rouge brique) qui abrite un sauna accessible par un escalier extérieur. Conjointement à ce singulier volume courbe du sauna, un autre volume tout en rondeur, également de couleur rouge, se développe à l'angle de la façade principale de la maison et accueille au rez-de-jardin le sas d'entrée et à l'étage un dressing.

Construite en maçonnerie traditionnelle avec une toiture-terrasse, la maison est équipée de menuiseries à soufflets et oscillo-coulissantes en bois. Les deux murs pignons, qui débordent le volume bâti, enchâssent ce dernier, renforçant ainsi l'ancrage de la maison sur le terrain et définissant l'orientation des vues. Ils se parent d'un bel enduit gris bleuté qui contraste avec la couleur rouge brique des formes courbes de la maison.

Au rez-de-jardin, le corps principal abrite séjour, cuisine, buanderie et sanitaires. À l'étage se situent deux chambres, une salle de bains et des toilettes.

Année d'achèvement : 1998
Surface habitable : 100 m²

Une volée de marches en bois encastrées dans le mur mène au sauna posé sur le toit du garage. Ce volume est fermé par une porte en tôle d'acier oxydé. Il est éclairé par des rangées de briques de verre.

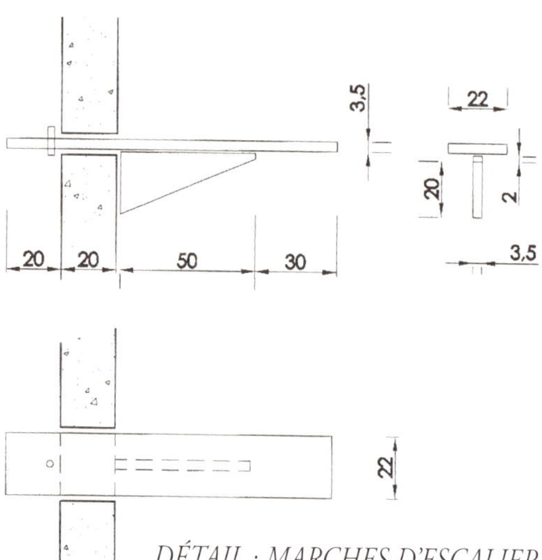

DÉTAIL : MARCHES D'ESCALIER ACCÈS SAUNA

Façade arrière avec le contraste des matières et des couleurs entre les enduits colorés, le métal oxydé et le bardage en pin.

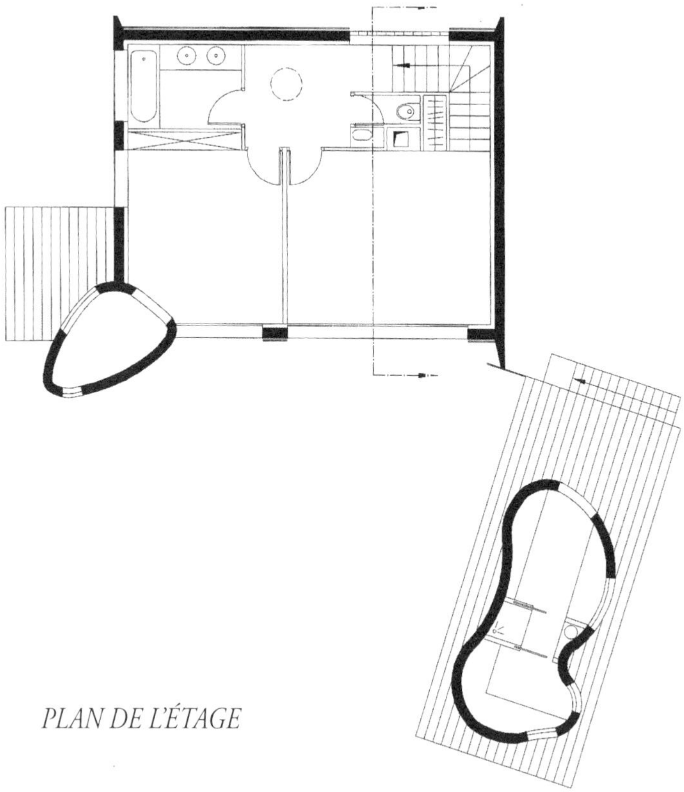

PLAN DE L'ÉTAGE

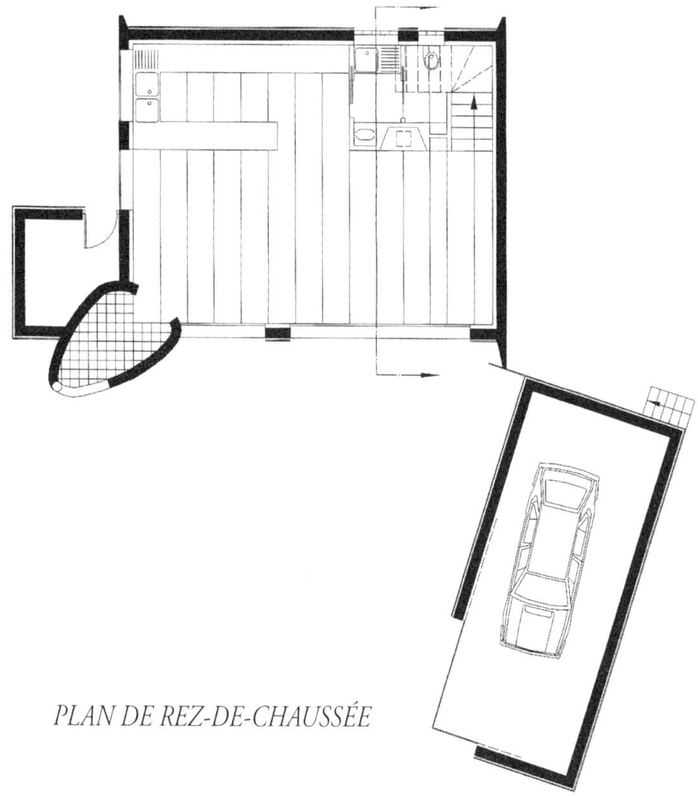

PLAN DE REZ-DE-CHAUSSÉE

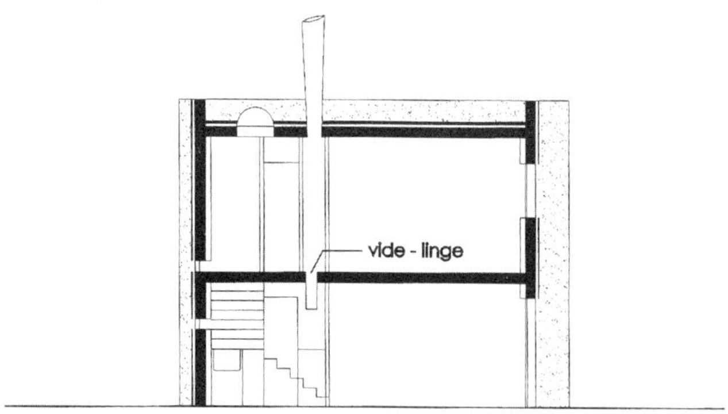

COUPE

"Du point de vue formel : considérer le nouveau garage comme une 'caisse' à voiture – d'où l'habillage bois –, considérer le sauna comme une sculpture ocre-rouge posée sur son emballage (la caisse) qui fait socle. S'inspirer de Brancusi pour ce qui est de la lutte fratricide entre le socle et la sculpture. Faire déborder les murs pignons qui sont là pour enchâsser, bloquer comme un étau et définir le sens de la vue.
Un projet qui s'est développé malgré des contraintes sévères mais où une certaine liberté formelle nous a été laissée, peut-être en compensation..."

Cécile Courtey et Christophe Lab

Vue de la cuisine avec, à droite du foyer fermé, la réserve à bois.

Maison sur la dune

Marc Daufresne - Ivan Le Garrec

Au Cap-Ferret, surplombant le bassin d'Arcachon, cette maison de vacances, dessinée par les architectes Marc Daufresne et Ivan Le Garrec* est implantée sur une dune de sable arborée de pins. Le parti architectural a été déterminé par le souci de concilier la discrétion du volume construit et la volonté d'appropriation visuelle du magnifique paysage embrassé depuis le site.

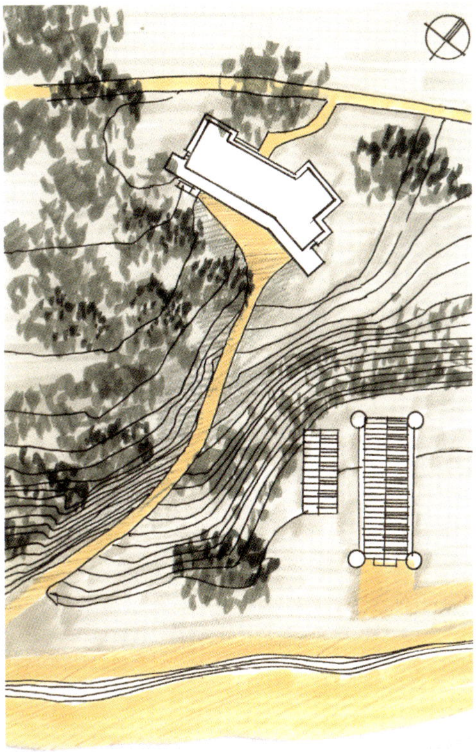

Le bâtiment repose sur un double registre constructif, à savoir un socle en maçonnerie sur lequel vient s'appuyer un premier étage en structure mixte bois et métal. Ainsi, le rez-de-jardin ancre la maison dans le terrain, refermant l'espace côté chemin d'accès au nord, et l'ouvrant largement au sud grâce à une structure en portique qui autorise l'ouverture de larges baies vitrées. Prenant appui sur cette base, la structure bois et métal du premier étage se déploie en porte à faux côté sud, ouvrant vers la mer les espaces individuels des chambres prolongés par un large balcon coiffé d'une pergola.

La transition du rez-de-jardin au premier étage se traduit par un allègement structurel et visuel avec l'ensemble du niveau supérieur habillé d'un bardage de bois rétifié en pin maritime (traitement du bois par la chaleur sans adjuvants chimiques) et "persienné" qui unifie les parties fixes et les volets coulissants dans une même vibration.

Au rez-de-jardin se situent le hall d'entrée, un espace de service, une remise, la cuisine, le salon et une salle de billard (délimitée par un dénivelé d'une cinquantaine de centimètres). À l'étage se déploient cinq chambres, un salon, une salle de bains, une salle d'eau et des sanitaires. Le balcon et la terrasse d'angle sur lesquels s'ouvrent les chambres et le salon sont également accessibles depuis l'extérieur par un escalier. Le jardin, dessiné par l'architecte paysagiste Laurence Jouhaud, contribuera à fondre l'habitation dans le site lors du développement des végétaux.

* Du fait de l'éloignement du chantier du lieu de résidence des architectes-concepteurs, la mission de maîtrise d'œuvre d'exécution a été confiée à Dominique Tallier et Claude Guiraud.

Année d'achèvement : 2000
Surface habitable : 260 m²

Détail de la terrasse du premier étage se développant en porte à faux.

Façade nord avec au centre l'entrée.

“Réaliser une architecture n'est pas projeter un objet étranger dans le monde. C'est toujours construire un nouvel épisode au sein d'un monde déjà là, c'est prolonger l'effort humain de constituer un monde hospitalier. Dès lors, le point de départ, c'est la recherche, l'écoute, la prise en compte de ce que dit le lieu, c'est le déchiffrement des histoires, des thèmes, qui le peuplent et qui demandent silencieusement l'espace d'une nouvelle existence dans le projet à venir.”

L'Atelier du lieu
Marc Daufresne, Ivan Le Garrec et associés

*Façade est.
La terrasse du premier étage se retourne et se prolonge en façade sud par une coursive devant les chambres.*

Façade principale tous volets fermés.

Perspective depuis la coursive avec le jeu des ombres des lames de la pergola sur la façade.

À gauche, l'escalier métallique extérieur desservant le premier étage.

Façade ouest avec en haut à gauche la fenêtre d'angle de la salle de bains.

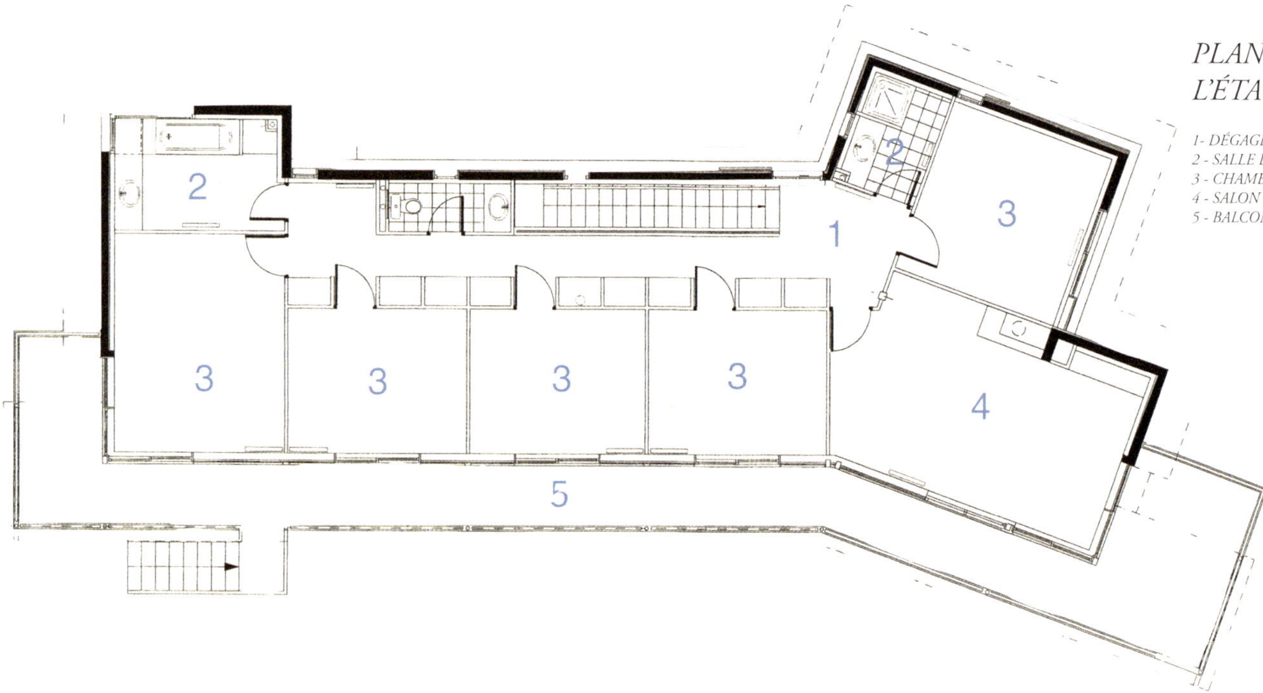

PLAN DE L'ÉTAGE

1- DÉGAGEMENT
2 - SALLE DE BAINS
3 - CHAMBRES
4 - SALON D'ÉTAGE
5 - BALCON ET PERGOLAS

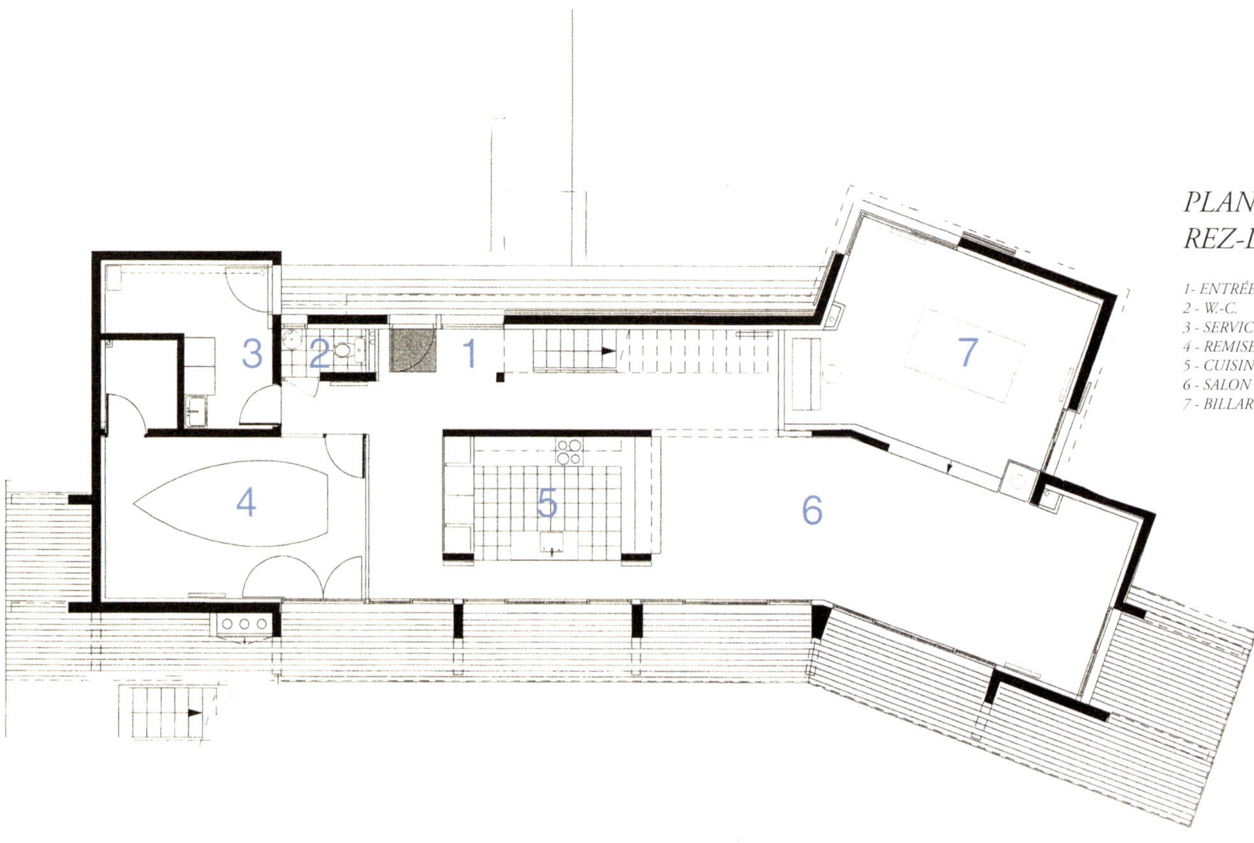

PLAN DU REZ-DE-JARDIN

1- ENTRÉE
2 - W.-C.
3 - SERVICES
4 - REMISE À BATEAU
5 - CUISINE
6 - SALON
7 - BILLARD

Détail des garde-corps en inox avec la main courante en bois.

Notez la trame du bardage au centre coïncidant avec celle des volets coulissants de part et d'autre.

COUPE

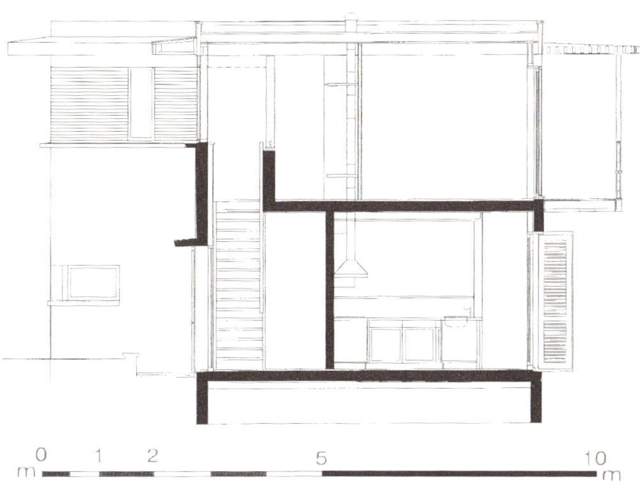

Vue du salon en rez-de-jardin.

Au premier plan, la cuisine avec au fond, à gauche, la salle de billard et, à droite, le salon.

Salon d'étage situé à l'angle sud-est. Admirez les raies de lumière imprimées sur le mur par les volets coulissants.

Vue depuis la coursive sur le bassin d'Arcachon.

Maison Mourioux

François Depresle

Implantée dans la campagne creusoise, la maison Mourioux représente la quintessence d'une maison dessinée par un enfant : quatre murs, un toit et une cheminée. Construite entièrement en bois – structure, bardage, toiture et aménagement intérieur –, la maison repose sur un dallage en béton armé. Simple dans sa géométrie, elle arbore le raffinement de sa structure apparente réalisée avec des poteaux et traverses de fortes sections (20 cm x 20 cm). Ces éléments en pin du nord ont été revêtus d'une lasure de couleur gris argenté. La charpente, laissée apparente, est composée de fermes à entrait retroussé. Cette mise en œuvre spécifique permet de dégager au maximum le volume sous les combles. Le bardage extérieur est en cèdre rouge du Canada avec pose des clins à recouvrement. Quant aux menuiseries extérieures, elles sont réalisées en chêne. Enfin, une des originalités de la maison réside dans la toiture faite de bardeaux (planchettes en forme de tuiles) de châtaignier fendus à la main. Posés sur un toit dont la pente est à 45 degrés, ces bardeaux assurent une parfaite étanchéité et s'harmonisent merveilleusement avec la nature environnante. Le fendage manuel des bardeaux, technique perpétuée par quelques rares artisans, est le seul moyen de préserver intacte la fibre du bois, garantie d'une bonne étanchéité.

L'espace intérieur accueille au rez-de-jardin cuisine, sanitaires, séjour et le salon largement ouvert sur le paysage avec ses trois côtés vitrés. L'étage comprend une salle d'eau et une chambre en mezzanine.

Année d'achèvement : 1993
Surface habitable : 75 m²

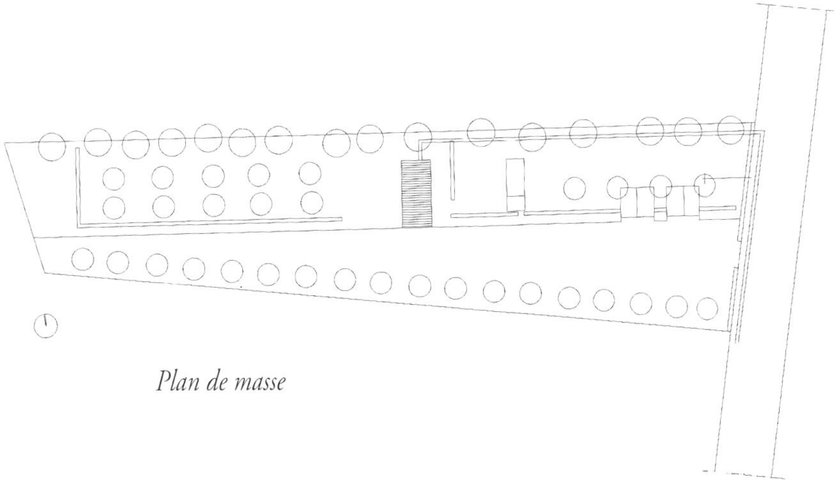

Plan de masse

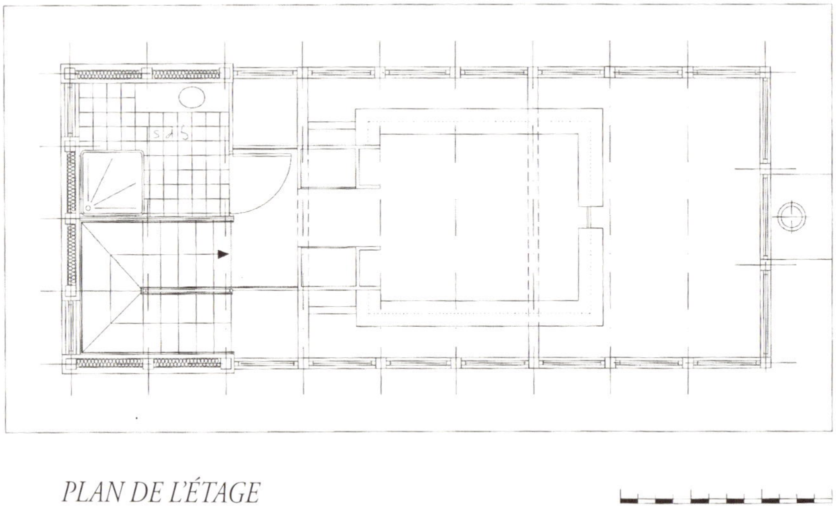

PLAN DE L'ÉTAGE

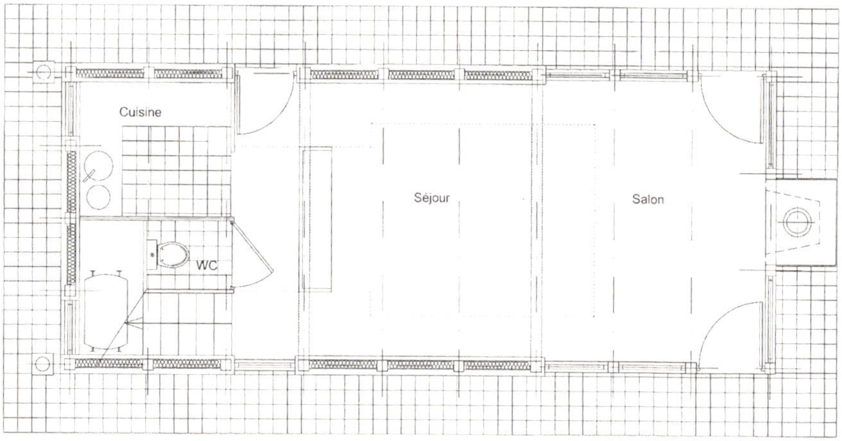

PLAN DU REZ-DE-JARDIN

Vue du séjour avec à gauche le départ de l'escalier qui mène à la mezzanine suspendue.

Le salon vitré sur trois côtés est ponctué par le bloc de la cheminée qui se cale dans la trame de la structure en bois.

Gros plan sur le toit en bardeaux de châtaignier.

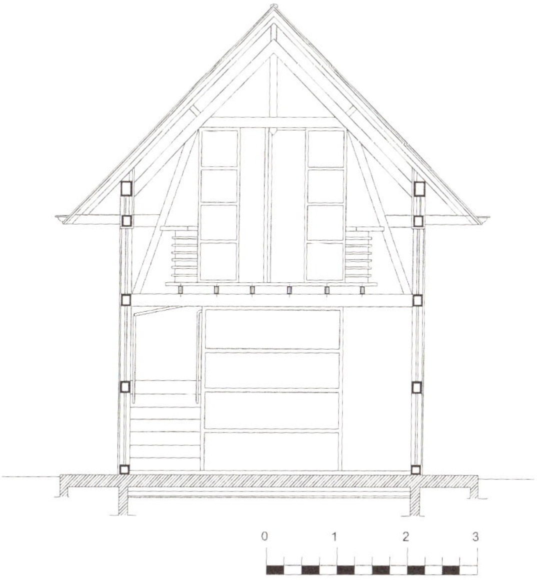

“Le projet est né d’un dialogue entre le maître d’ouvrage et l’architecte, moment privilégié où le client a raconté son idée de maison, ses envies, ses souvenirs d’enfance, les sensations, les odeurs qu’il souhaitait retrouver ou découvrir. La maison s’est d’abord écrite avant d’être dessinée et l’architecte, après avoir écouté, a transcrit ce désir de maison avec ses outils.”

François Depresle

Maison sur l'île Sainte-Catherine

François Depresle

Sur l'île Sainte-Catherine au bord de la Marne, cette maison dessinée par François Depresle s'intègre harmonieusement dans un site particulièrement exceptionnel. L'urbanisme du lieu, composé de petites maisons individuelles agrandies au fil du temps, a conduit l'architecte à imaginer un bâtiment en deux volumes distincts reliés à l'étage par une galerie. Cette composition a permis d'édifier une maison relativement vaste mais pas hors d'échelle par rapport aux édifices voisins à la volumétrie relativement modeste. Chaque corps de la maison se cale en limite des propriétés voisines permettant ainsi de libérer dans cette parcelle étroite deux jardins bien structurés communiquant entre eux par le passage sous la galerie.

Situé en zone inondable, le niveau en rez-de-jardin est construit en maçonnerie traditionnelle (parpaings pleins et enduit). Les niveaux supérieurs sont édifiés en ossature bois. Dans un souci d'intégration au sein de cette zone très arborée, les bardages extérieurs sont en bois de cèdre rouge. Pour les toitures ainsi que pour le volume abritant la cuisine et la salle à manger, l'architecte a utilisé le zinc. Les menuiseries ont été également réalisées en bois (moabi).

Cette composition en deux corps scinde la zone parentale de la zone enfants. La galerie reliant les deux parties engendre des perspectives qui enrichissent la volumétrie des espaces intérieurs. La zone enfants, située côté rue, abrite deux chambres doublées d'une petite mezzanine et d'une salle d'eau. L'autre partie ouvrant sur le jardin et sur un bras de la Marne accueille au premier niveau cuisine, cellier, sanitaires, salle à manger et salon ouvrant chacun sur deux terrasses communicantes (voir plan). À l'étage se situe la chambre des parents avec dressing, toilettes et salle de bains.

Année d'achèvement : 2001
Surface habitable : 180 m²

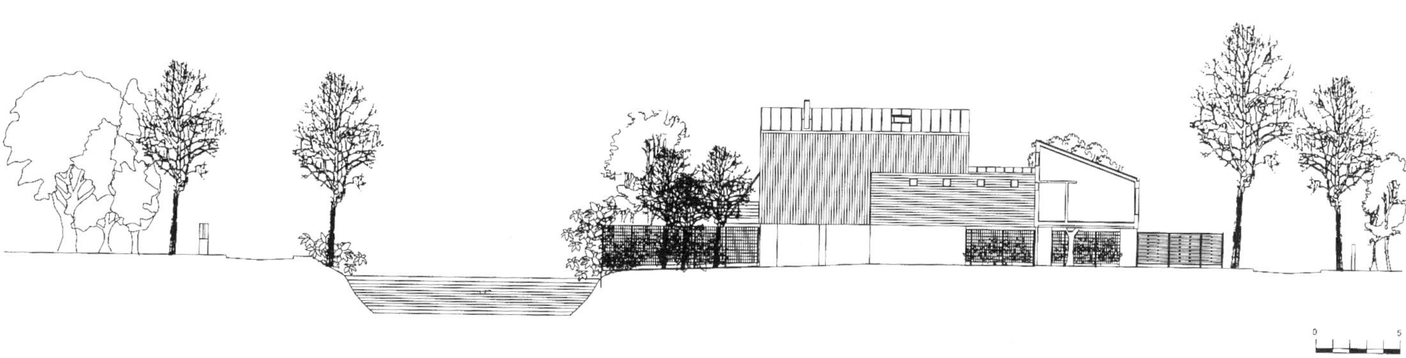

Plan de masse

Vue depuis la rive opposée.
À l'étage, au-dessus de la terrasse du salon, la fenêtre avec le volet coulissant est celle de la chambre des parents.

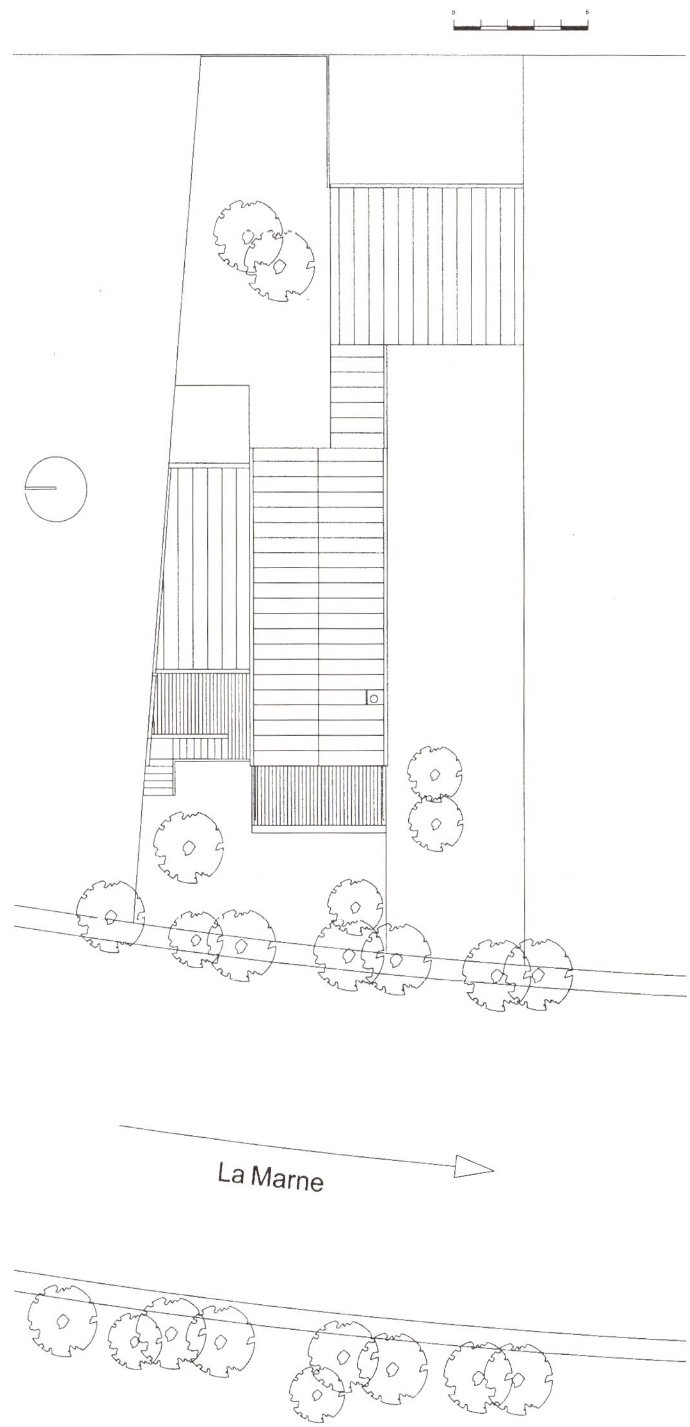

Façade depuis la rue avec, à gauche, l'entrée du garage.

"Nous avons été séduits par la simplicité évidente des formes et par l'idée générale de transparence et d'harmonie qui se dégage de l'ensemble.

La phase de conception a été aussi longue que celle de la réalisation comme une pierre que l'on polit : sans a priori, sans souci de conformisme, d'uniformité ou de notabilité et finalement sans compromis.

Elle nous a ouvert l'esprit sur des questions d'architecture comme 'qu'est-ce que la norme ? la tradition ?'

Cela a été une opportunité unique pour se penser, pour réfléchir aux besoins et désirs intimes et collectifs et aux moyens de les fédérer au mieux : définir le lieu de vie commun, prévoir les déplacements, choisir le meilleur bois, la meilleure mise en œuvre. Nous avions chaque séquence du film en tête avant le début des travaux.

Notre expérience a changé notre conscience du foyer. Ce projet est pour nous une réussite ; cette maison n'est pas un objet individuel : chacun a appris, chacun a donné et reçu.

Et nos amis ont conclu en nous disant que cette maison nous ressemblait."

Les maîtres d'ouvrage

Le jardin côté rue, avec le passage sous la galerie communiquant avec la partie du jardin donnant sur les berges d'un bras de la Marne. À droite, le volume capoté abrite la cuisine.

Le jardin côté berge. Notez sur la paroi extérieure correspondant à la galerie la pose horizontale du bardage qui dynamise visuellement la façade.

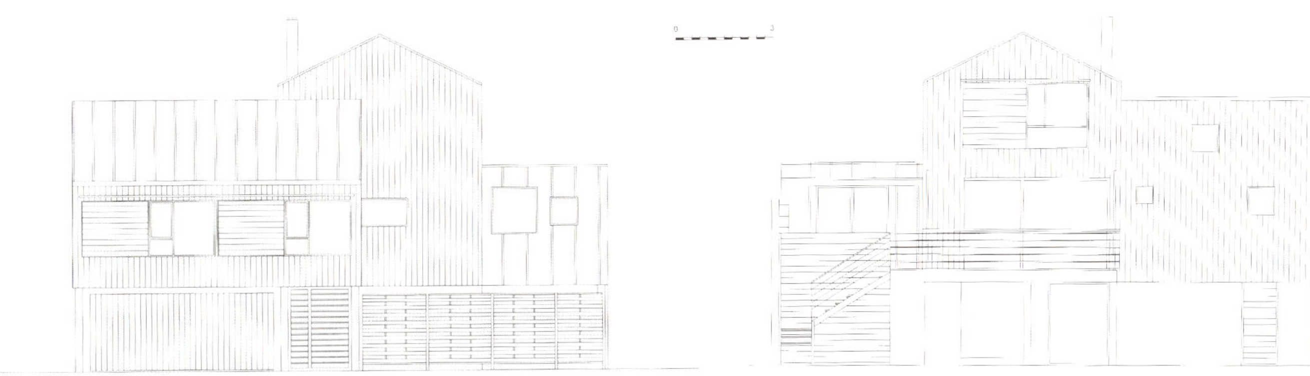

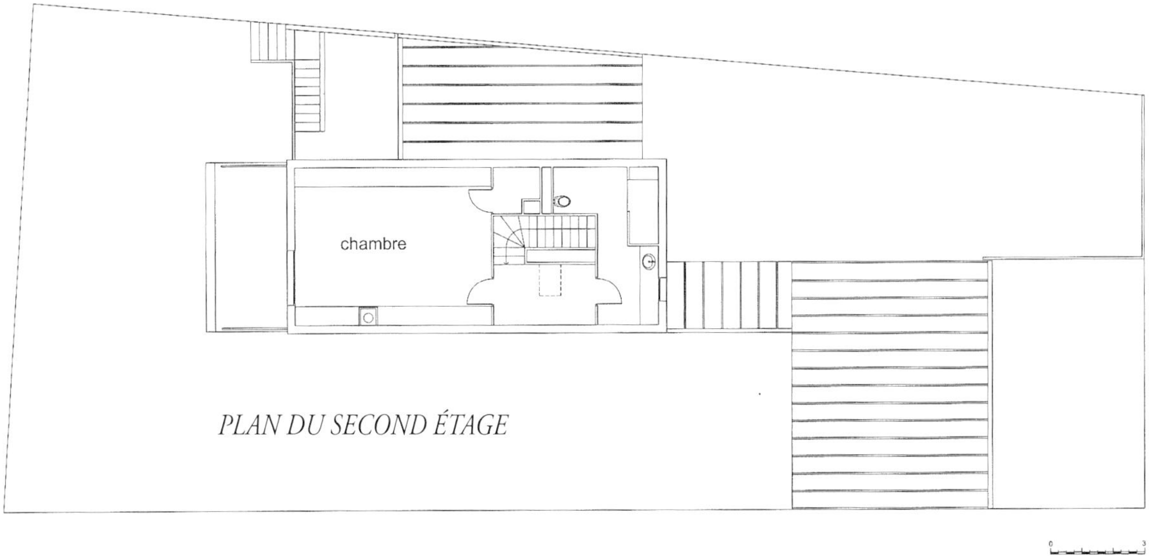

PLAN DU SECOND ÉTAGE

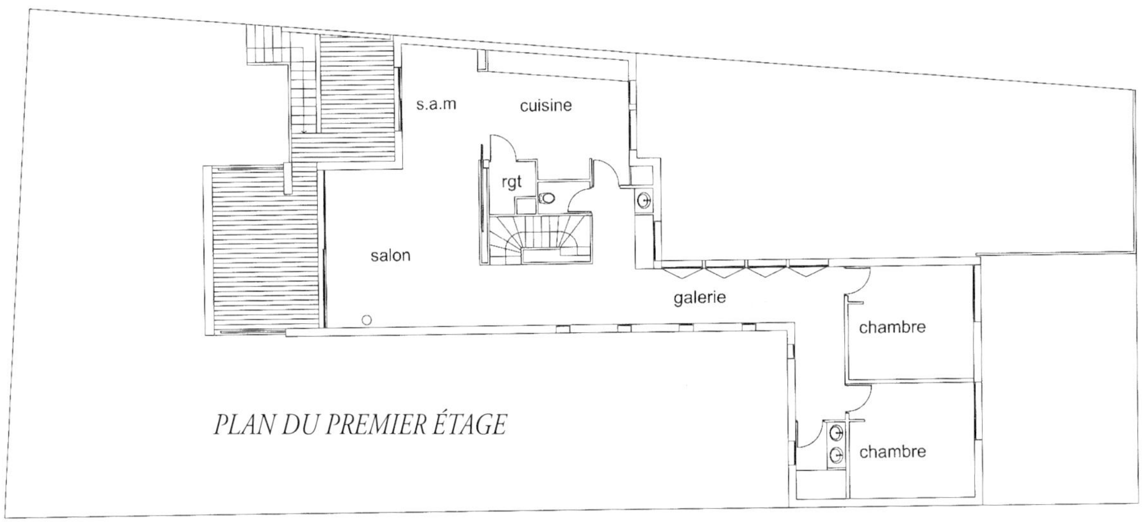

PLAN DU PREMIER ÉTAGE

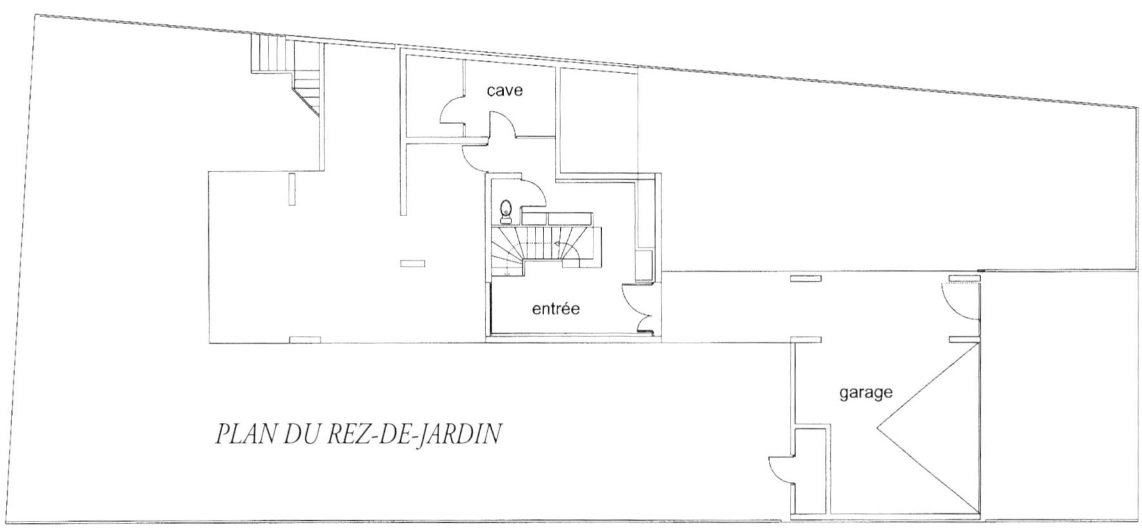

PLAN DU REZ-DE-JARDIN

Vue du salon depuis la salle à manger. Chacune de ces pièces possède sa propre terrasse, l'une plus intime avec ses garde-corps pleins, l'autre largement ouverte sur le paysage.

Au premier plan, la terrasse de la salle à manger qu'un escalier extérieur relie au jardin. Au centre, le passage vers la grande terrasse du salon.

« Comme Verlaine, qui après avoir poussé une vieille porte chancelante, découvre un jardin oublié chargé de souvenirs, j'ai traversé un matin le petit pont qui conduit à l'île Sainte-Catherine et j'ai retrouvé des bords de Marne sortis tout droit d'un tableau impressionniste ou d'une nouvelle de Maupassant. Alors, comme on avance avec prudence dans un site à l'écosystème fragile, j'ai travaillé à ce projet par petites touches successives en ajoutant prudemment des volumes modestes au volume trop exigu que j'avais conçu dans un premier temps. J'avais peur, en dessinant trop brutalement et d'un seul jet les 180 m^2 du programme, de faire disparaître cet équilibre si précaire entre l'eau, le végétal et le bâti. La maison est donc faite d'appentis et de rajouts pour donner l'illusion d'une construction réalisée au fil du temps, composition additive qui permet de respecter l'échelle et l'esprit du lieu. »

François Depresle

Maison au Petit Piquey

Laurent Duplantier

Au Petit Piquey, sur la commune de Lège Cap-Ferret, cette maison dessinée par Laurent Duplantier est construite sur pilotis afin de s'affranchir des contraintes liées à un terrain sableux et très pentu. Depuis la rue, sous une enveloppe générale de facture très classique – toiture traditionnelle avec une couverture en tuiles – la maison se caractérise par une relative opacité. En revanche côté jardin, la maison s'ouvre totalement : espaces intérieurs et extérieurs s'interpénétrant savamment grâce à la coursive extérieure abritée par le débord du toit et à la terrasse en avancée par rapport à l'emprise au sol de la construction. Construite en ossature bois avec une structure principale réalisée en pin des Landes et contreventée avec des panneaux en Triply, la maison est revêtue d'un bardage en cèdre rouge. Les terrasses extérieures sont en sapin, le plancher intérieur en jatoba. Quant aux menuiseries, fabriquées en profilés d'aluminium laqué noir, elles tempèrent le classicisme formel du bâtiment.

À l'intérieur, l'espace à vivre – salon, salle à manger, cuisine – bénéficie intégralement du volume sous toiture. Toutes ces pièces ainsi que la chambre donnent sur la coursive extérieure (voir plan). À ce même étage également, un bureau, le hall d'entrée, un dressing, une salle de bains et des toilettes. Au niveau inférieur côté nord, de plain-pied avec le jardin, un studio est accessible par un escalier intérieur et possède aussi un accès indépendant.

Année d'achèvement : 2002

Surface habitable : 152 m² + 54 m² de coursive et terrasse

Plan de masse

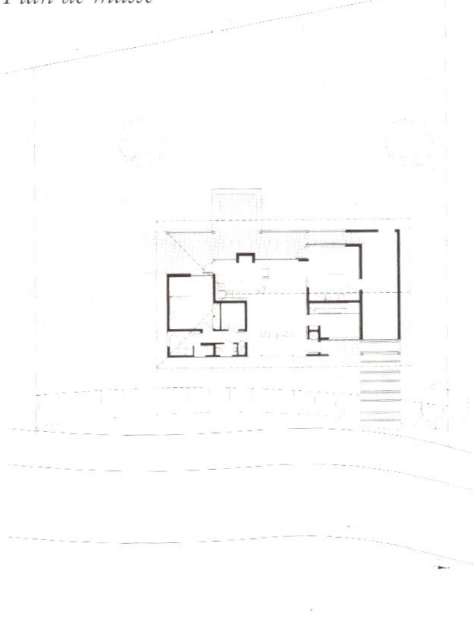

Façade côté rue.

Vue depuis l'escalier menant au jardin sur la terrasse et la coursive.

À gauche, en rez-de-jardin se situe le studio.

FAÇADE EST

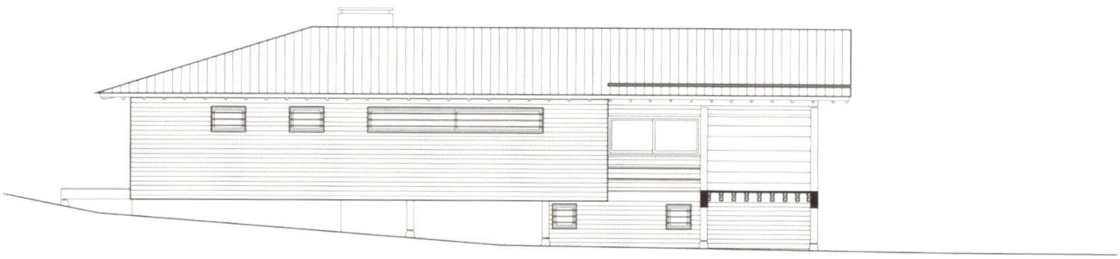

FAÇADE OUEST

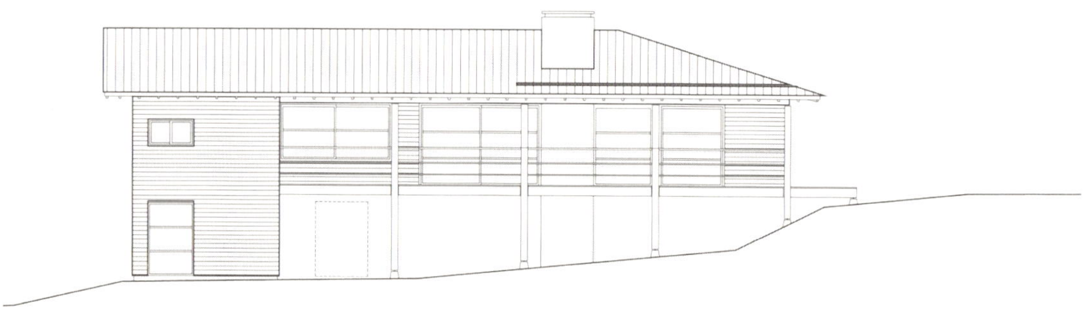

COUPE

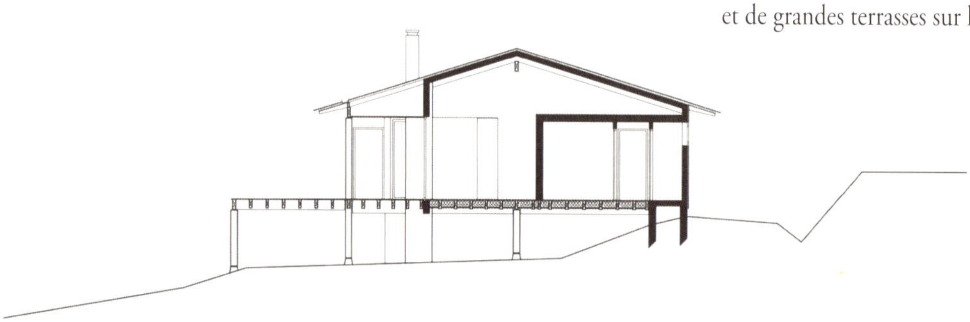

“Une maison à l'image de ses habitants, pour qui les idées fortes étaient :

– intimité avec une façade abritée de la rue ;

– intégration dans l'environnement à partir d'une volumétrie simple et l'emploi de matériaux naturels (tuiles et bois) ;

– ouverture sur la nature avec de grandes baies et de grandes terrasses sur le jardin.”

Laurent Duplantier

PLAN DU SOUS-SOL

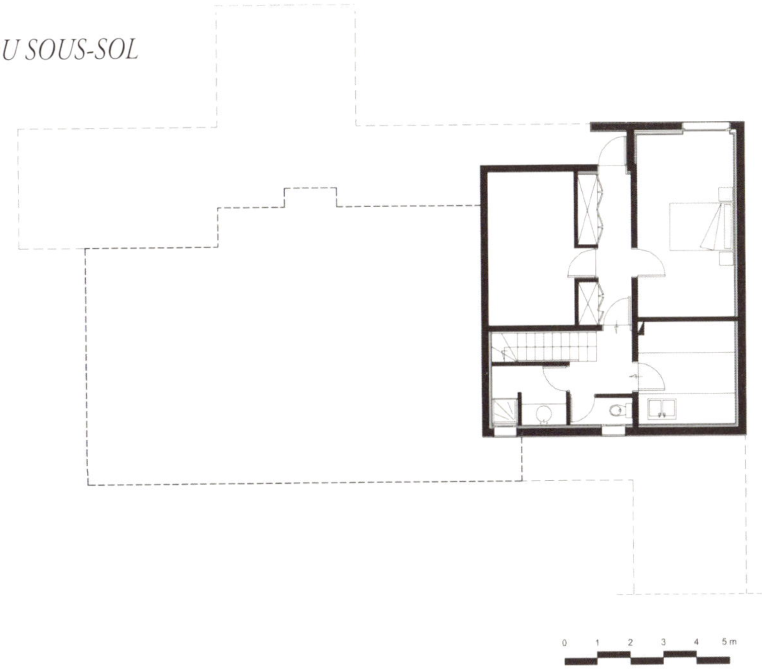

PLAN DU
REZ-DE-CHAUSSÉE

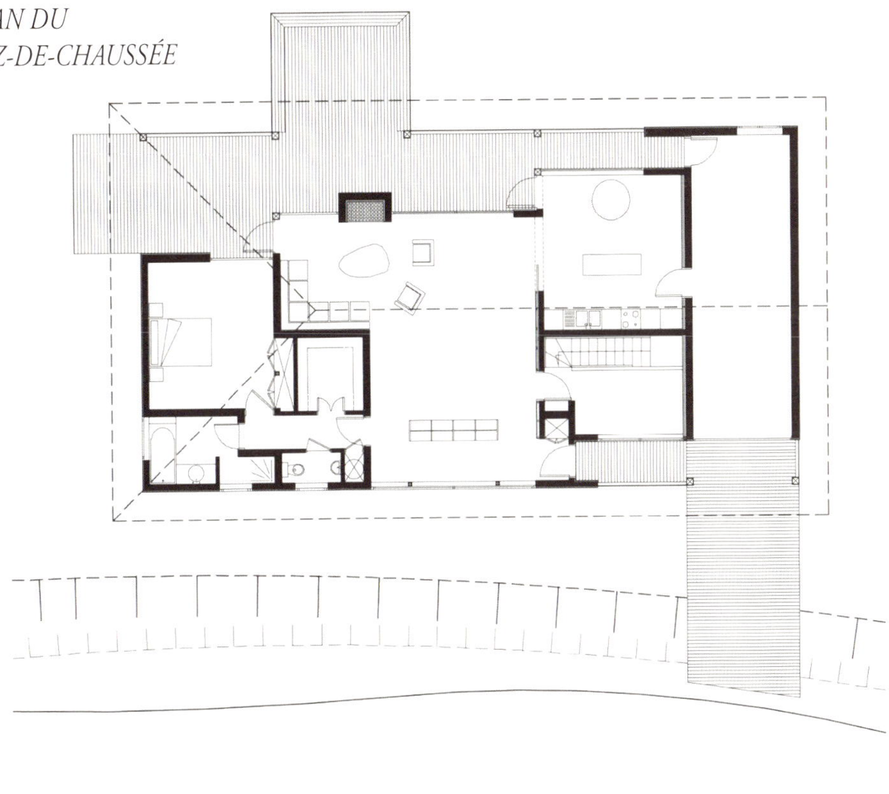

Hall d'entrée délimité partiellement par un meuble-bibliothèque en bois.

S'harmonisant avec les murs, la sous-face de la charpente peinte en blanc unifie et amplifie le volume intérieur.

Maison Boulart

Laurent Duplantier

Campée au sommet d'une dune près du port de La Vigne au Cap-Ferret, la maison Boulart a été dessinée par l'architecte Laurent Duplantier.

Le programme du maître d'ouvrage se résumait en trois points essentiels : un niveau principal, abrité des vents de l'océan, ouvert sur le jardin et la piscine, entrée et garage au niveau inférieur de plain-pied avec la rue, le niveau supérieur abritant la sphère parentale pourvue d'une terrasse indépendante avec un toit accessible pour contempler la cime des pins et le vol des oiseaux.

La genèse du projet architectural a dû également respecter les contraintes liées au règlement d'urbanisme, imposant de ne pas dépasser une hauteur de 6 mètres par rapport au niveau du terrain naturel.

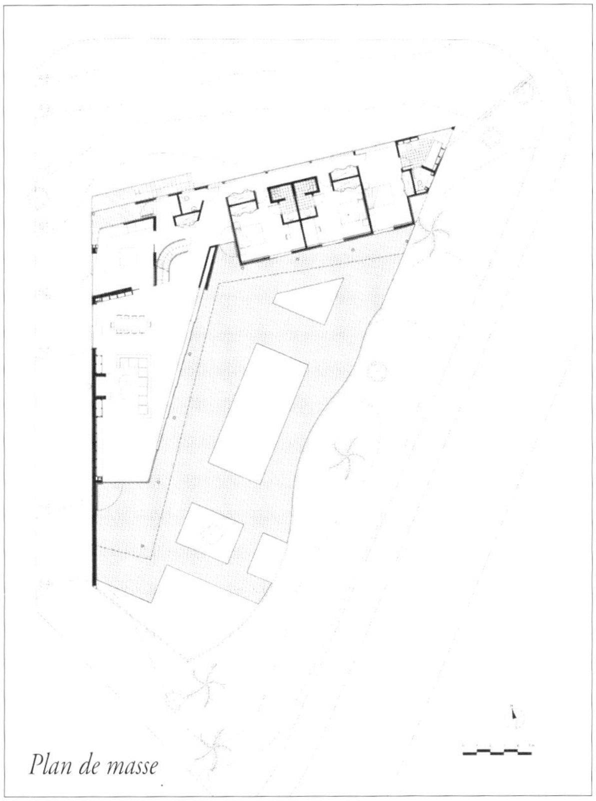

Plan de masse

Le plan de l'édifice finalement retenu forme un L ouvert au sud et à l'est.

Le premier niveau de l'habitation, encastré dans le sable de la dune, est réalisé en maçonnerie. L'étage de plain-pied avec le jardin ainsi que le niveau supérieur sont constitués d'une structure en bois contreventée côté ouest par un mur en parpaings avec des raidisseurs. Côté jardin, le débord du toit-terrasse est étayé par d'élégants poteaux massifs en iroko.

Le niveau principal de la maison abrite salon, salle à manger, cuisine, hall d'entrée ainsi que trois chambres pourvues de salle d'eau ou de salle de bains. Toutes ces pièces à l'exception de la cuisine, située à l'angle nord-ouest, ouvrent sur la vaste terrasse réalisée en ipé.

L'étage accueille la chambre des parents avec sa salle de bains et bénéficie également d'une terrasse protégée partiellement par l'avancée du toit. Enfin, une double volée de marches conduit au solarium situé sur le toit de la chambre.

Année d'achèvement : 2002
Surface habitable : 254 m² + 332 m² de terrasses

Façade nord avec, sous la pointe de la maison, l'accès au garage.

Vue sur l'avant-toit dans le prolongement du salon, avec à l'étage, la terrasse de la chambre.

Au premier plan, le salon avec, à droite, la salle à manger.

Photo en bas, à gauche : gros plan sur le poteau massif en iroko soutenant le débord du toit.

Encastrée dans la dune, la maison avec son jardin se révèle une véritable oasis de tranquillité.

PLAN DU REZ-DE-JARDIN

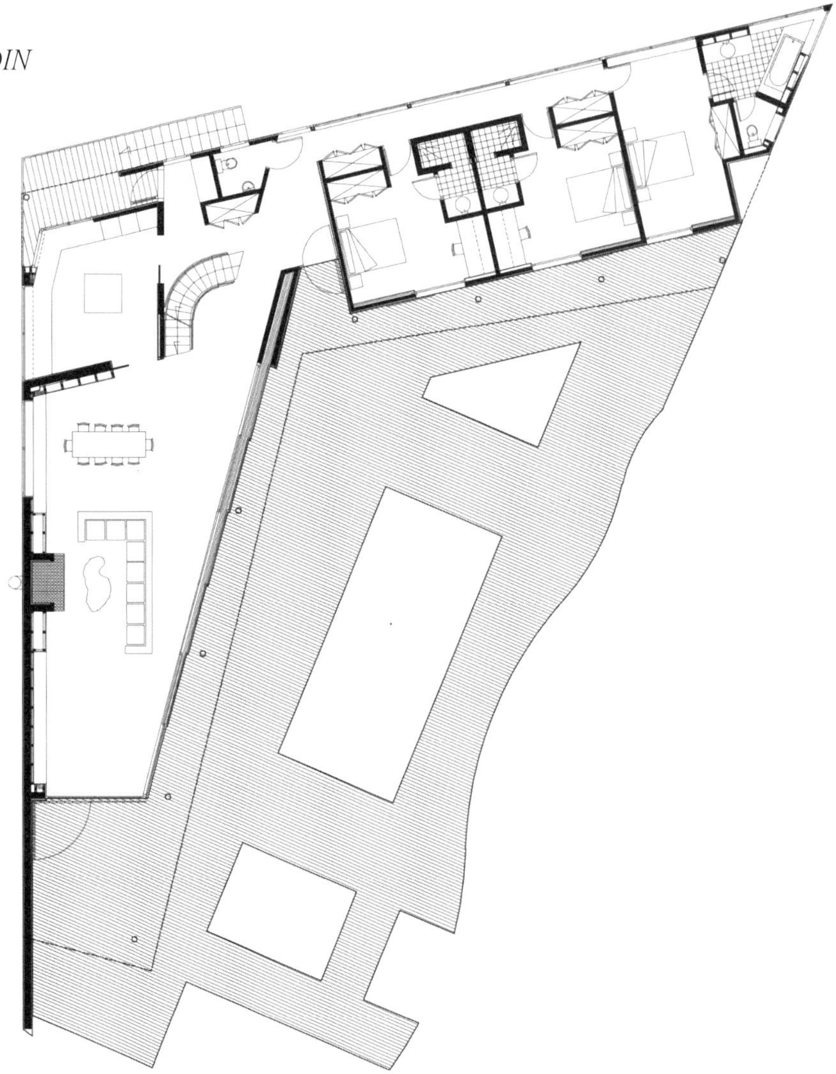

FAÇADE OUEST

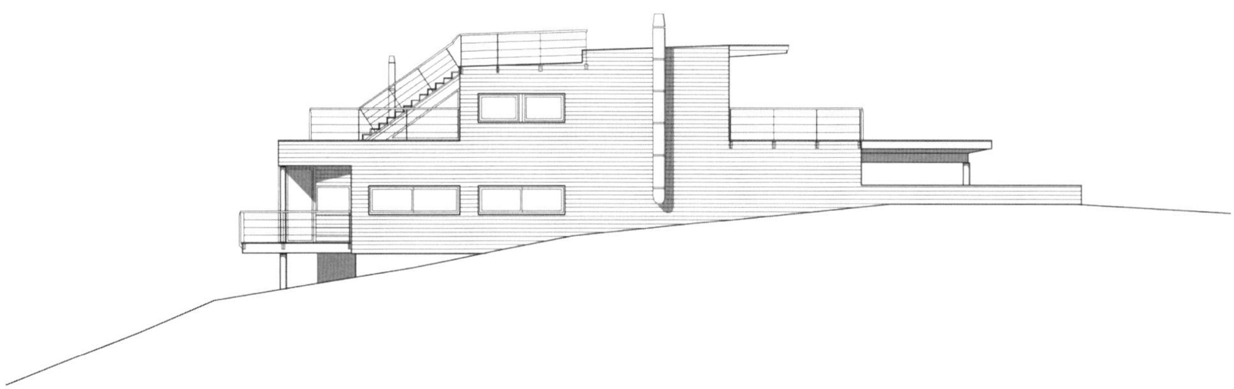

PLAN DE L'ÉTAGE

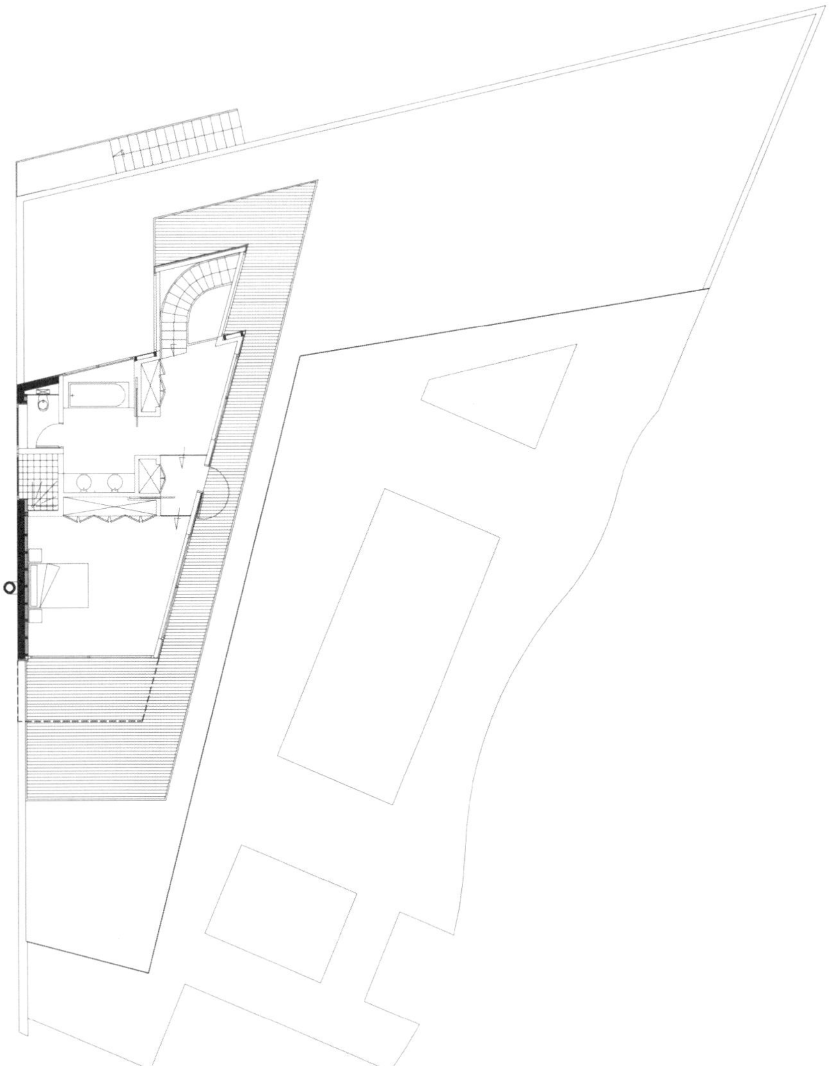

COUPE

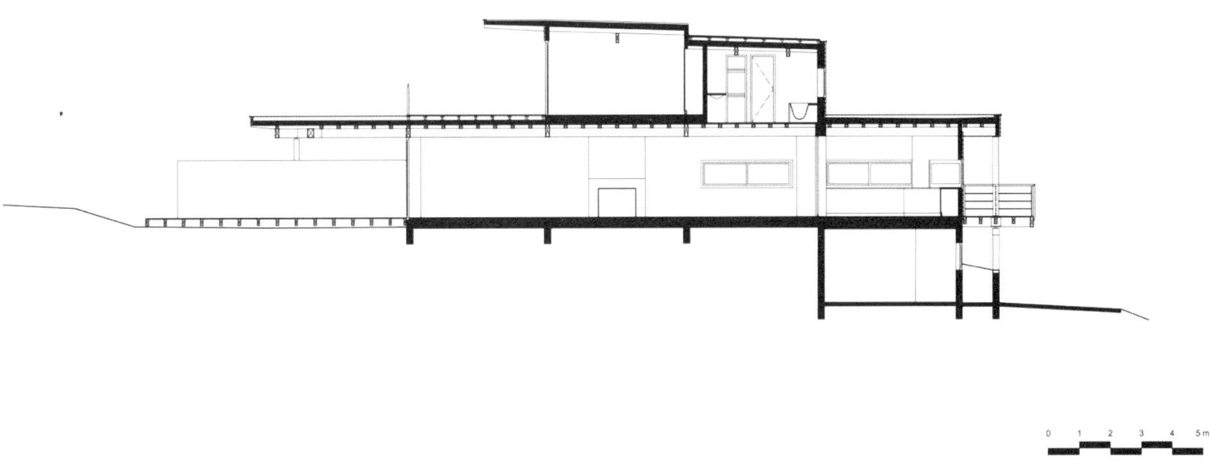

Détail de l'escalier avec les garde-corps et les mains courantes en inox. Derrière l'escalier, la porte coulissante de la cuisine.

« Les multiples facettes de cette maison permettent à ses occupants de jouir à chaque instant, à chaque saison, des plaisirs que procure l'environnement immédiat : l'interaction entre intérieur et extérieur, la vue sur le bassin, les odeurs de la forêt, lézarder simplement au soleil sur la terrasse ou à l'ombre des avant-toits... »

Laurent Duplantier

Vue générale de l'escalier menant au sous-sol et à l'étage. Le revêtement des murs est constitué de planches en sapin lasurées blanc.

Les volets coulissants filtrent agréablement les fortes lumières.

Le séjour et le salon depuis le hall d'entrée. Le plancher est en merbau.

La cuisine jouit d'une magnifique vue panoramique.

Maison en Ille-et-Vilaine

Jean Duverger

En Ille-et-Vilaine au sud de Rennes, cette maison dessinée par l'architecte Jean Duverger (cabinet Dengler) se déploie au sein d'un vaste terrain proche d'un hameau d'habitation. Majestueuse par le classicisme de ses lignes générales et par la symétrie de sa composition, la maison épouse la topographie du terrain tant dans ses décrochements au sol que dans sa volumétrie.

La maison a été construite selon la technique de l'ossature bois avec une structure principale réalisée en sapin du nord et des voiles de contreventement en contreplaqué marine (constructeur Scob). Le bardage extérieur est constitué de planches rabotées de cèdre rouge du Canada. Posé à l'aide de fixations non apparentes, ce bardage a reçu une lasure de couleur grise permettant de le patiner uniformément en évitant les disparités de vieillissement dues au soleil et à la pluie. Les menuiseries des fenêtres de fabrication américaine (Peachtree) sont à structure mixte – aluminium et bois – et présentent la particularité d'être à guillotine. Le plancher de l'étage est constitué de poutres massives en bois sur lesquelles a été coulée une chape de béton allégé afin de renforcer l'isolation phonique. Les terrasses extérieures ainsi que le caillebotis ceinturant la piscine sont en ipé.

L'organisation spatiale du bâtiment se singularise par l'articulation de plusieurs corps disposés schématiquement en forme de U, auquel se rattache en partie-est le volume accueillant la piscine. Côté nord, le premier corps abrite le garage et se raccorde à l'aile ouest grâce à un carport (abri de voitures). Ce dernier, avec le corps opposé de l'une des chambres, enserre l'accès à la maison. Cette entrée principale donne sur l'espace à vivre – salle à manger, salon et bar – qui ouvre côté sud sur une galerie couverte. De part et d'autre de ce volume principal se développent d'un côté la cuisine et l'office, et de l'autre deux chambres avec pour chacune un dressing, un coin bureau et une salle de bains attenants. À l'angle sud-est de la maison se dresse le bâtiment de la piscine avec un espace dévolu à la gymnastique. L'étage accueille trois chambres, des sanitaires et une salle de bains.

Année d'achèvement : 2002
Surface habitable : 261 m² + 64 m² de terrasses couvertes +130 m² de la piscine + 52 m² du garage

Photos ci-dessous : le porche d'entrée coiffé d'un fronton se prolonge à droite par une galerie menant au garage.

À gauche, le volume vitré abrite la piscine.

Articulation des différents corps de la maison avec à gauche, le volume des chambres, au centre le carport et à droite le garage.

Façade est

Vue sur le bâtiment de la piscine avec, à droite, la baie vitrée de la chambre du maître de maison ouvrant sur une terrasse.

Façade sud

De larges baies coulissantes ouvrent la piscine sur la terrasse. Notez à l'intérieur, les grilles au sol du système de déshumidification.

Gros plan sur le bardage.

Perspective sur la vaste galerie en façade sud.

Façade sud-ouest

Les contrefiches des poteaux porteurs et les garde-corps circonscrivent visuellement le volume de la galerie.

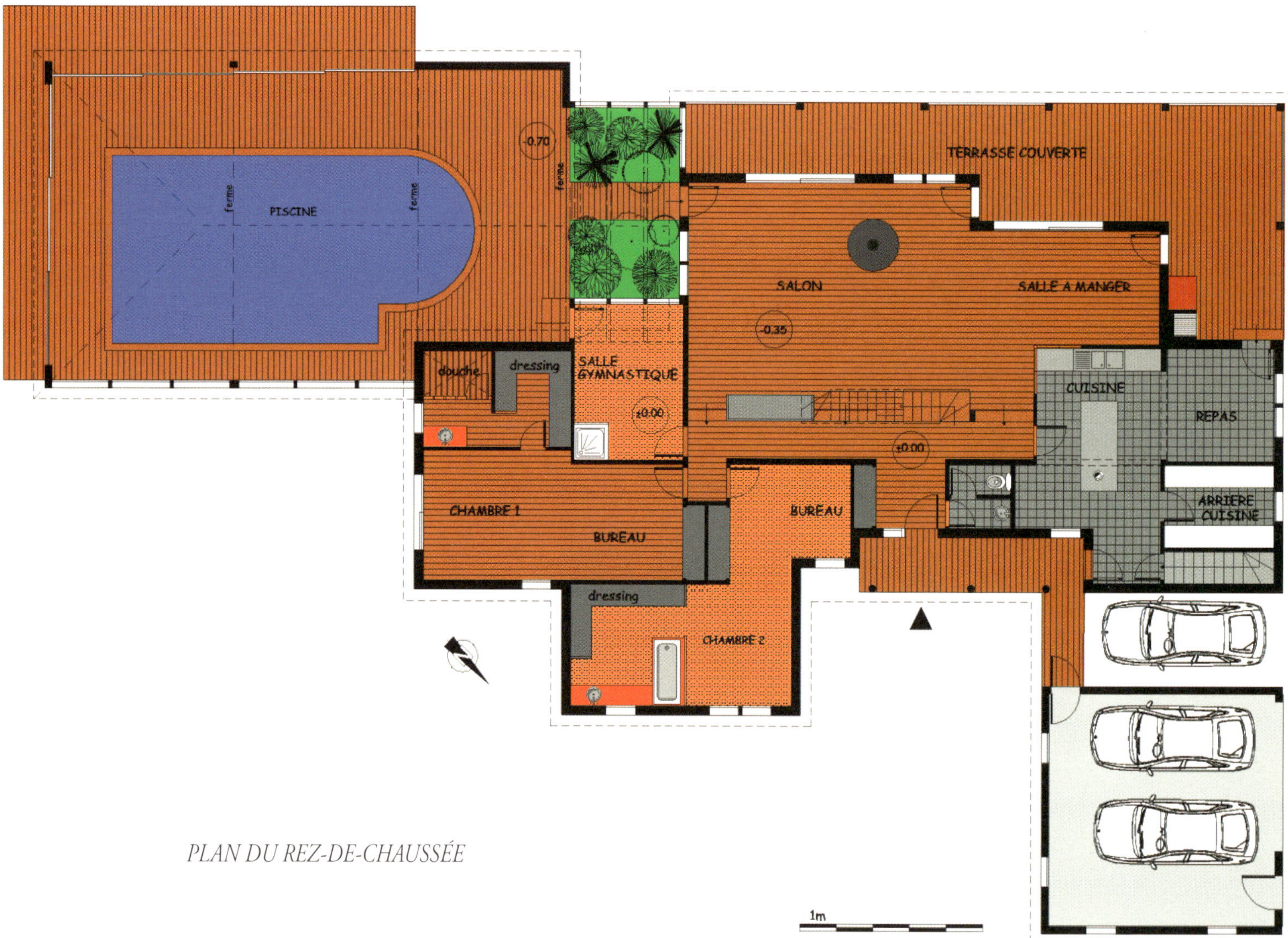

PLAN DU REZ-DE-CHAUSSÉE

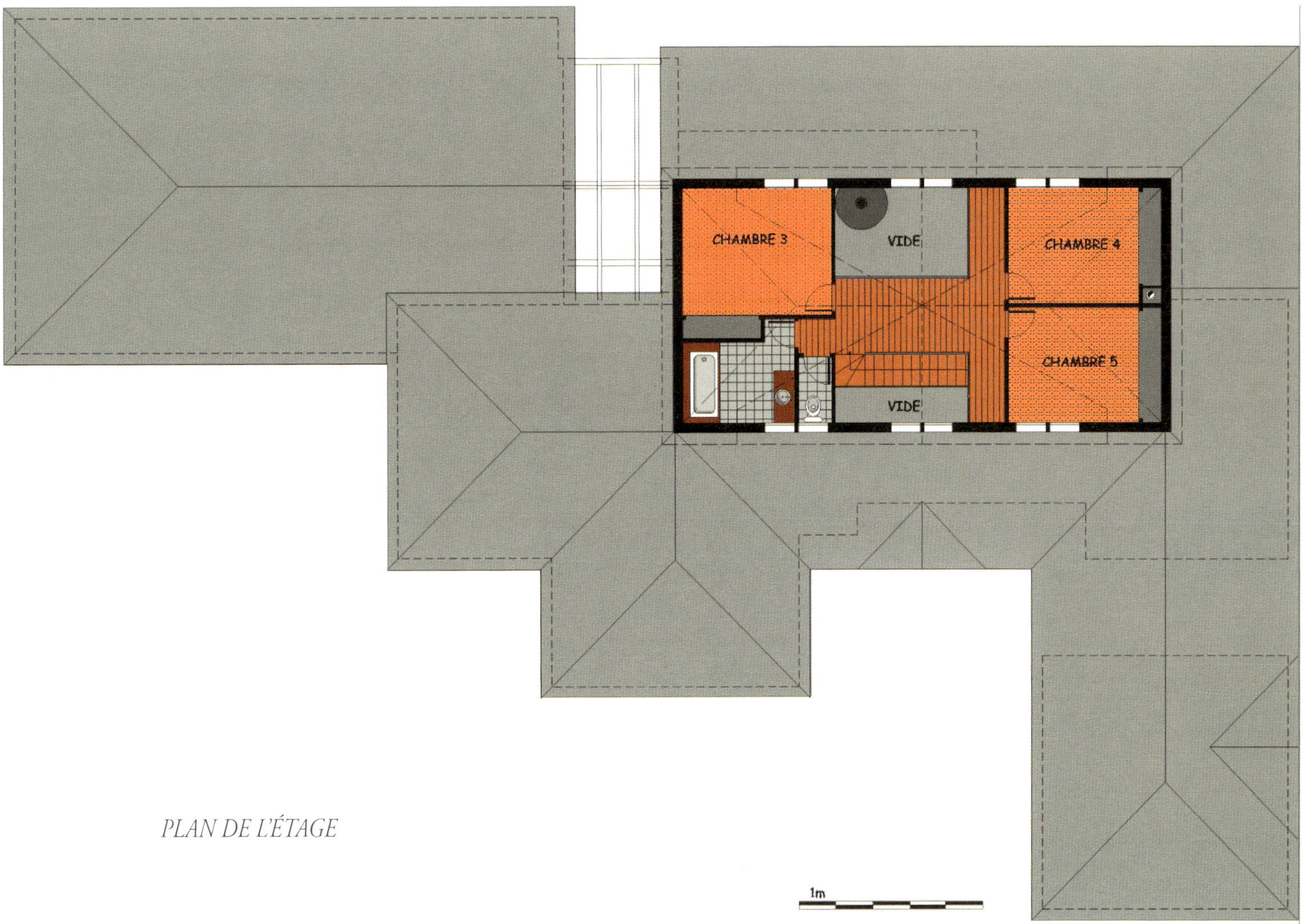

PLAN DE L'ÉTAGE

Chambre du maître de maison avec à gauche, l'accès au dressing et à la salle de bains. Murs et plafonds sont en voliges rabotées et lasurées.

« Une mission est réussie quand l'osmose entre la personnalité souvent forte du maître d'ouvrage et la maison est réelle. »

Jean Duverger (cabinet Dengler)

Vue de la cuisine ouvrant au fond, à droite, sur l'espace à vivre par des fenêtres intérieures.

Vue du salon avec, au centre, l'élégante cheminée suspendue (Focus) qui s'élance à travers la mezzanine de l'étage et, à droite le bar. Notez la sous-face très graphique de l'escalier fabriqué sans limon.

À gauche, la fenêtre intérieure de la cuisine fait office de passe-plats. Le sol est en doussié, les murs en lambris de bois brut – lames de sapin du nord de 135 mm de large (Grizzli, fabricant Silverwood).

Maison Amœna

Raphaëlle Hondelatte

À quatre cents mètres du bassin d'Arcachon, la maison Amœna dessinée par l'architecte Raphaëlle Hondelatte est implantée sur un terrain inondable, encaissé d'un mètre par rapport aux voiries et parcelles mitoyennes. Cette topographie spécifique, ainsi que le souhait du maître d'ouvrage de se soustraire aux vis-à-vis, ont conduit l'architecte à imaginer cette habitation mono orientée avec une façade avant vitrée longue de 25 mètres– arrière et pignons aveugles – juchée sur des pilotis à 2,20 mètres de hauteur.

La maison, calée en fond de parcelle, repose tel un écran sur une ossature constituée de six portiques métalliques implantés suivant une trame de 5 mètres, à laquelle s'ajoutent les deux portiques supportant la terrasse posée comme une table de jardin au milieu du terrain (voir plan de masse). Cette terrasse extérieure communique grâce à une passerelle avec la coursive couverte qui distribue toutes les pièces de la maison. Cette absence de distribution intérieure – qui induit une autonomie totale des espaces à vivre – est une des principales singularités de l'ensemble. Deux escaliers situés aux extrémités encadrent cette coursive.

Sur le squelette métallique viennent s'accrocher des murs à ossature secondaire bois revêtus d'un bardage vertical constitué de voliges brutes, non rabotées en pin des Landes. Un traitement des voliges au black vernish (aspect et couleur proche du goudron) ainsi que la toiture en bacs aciers ondulés de couleur gris foncé harmonisent la teinte de la maison avec les troncs des arbres environnants.

Au rez-de-jardin, un volume ceint par des murs maçonnés abrite les équipements techniques de l'habitation – armoire électrique, chauffe-eau – et une réserve. Au premier niveau se déploient cuisine, salon, trois chambres et deux salles d'eau.

Année d'achèvement : 2001
Surface habitable : 100 m² + 30 m² de coursive extérieure couverte + 25 m² de terrasse

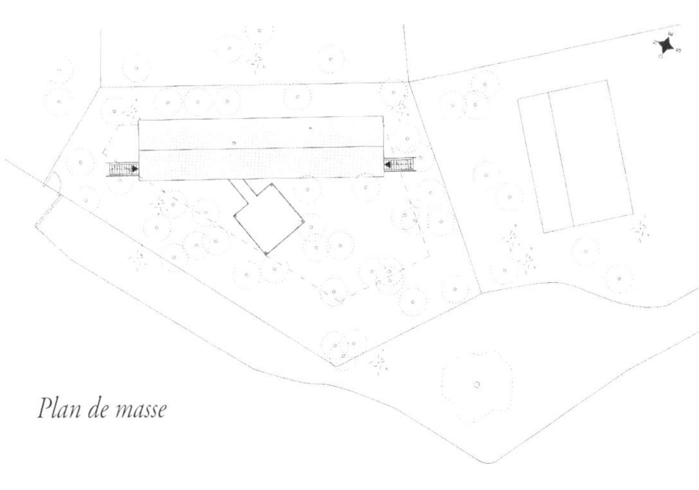

Plan de masse

Façade côté sud-est avec au premier plan un des deux escaliers menant à la coursive extérieure couverte.

Perspective depuis la coursive avec à droite, la terrasse, module de trame carrée (5 mètres x 5 mètres) désaxé.

Des crochets fixés sur les poteaux métalliques permettront ultérieurement la mise en place de bâches pour clore des pièces de plein air situées sous la maison comme ici une douche.

Gros plan sur l'escalier avec les montants verticaux du garde-corps se terminant en pointe de crayon.

Vue depuis le salon sur la passerelle menant à la terrasse, protégée par un store-toile.

“De nos jours, l’image conventionnelle de la ‘maison individuelle’ se réfère soit à la ‘maison d’architecte’ avec toutes les connotations péjoratives de ce terme : il faut que cela se voit, ce qui donne souvent lieu à une surenchère d’effet de style, soit au ‘pavillon’, pastiche standardisé de la vieille bâtisse de campagne avec son propre toit, ses propres murs, son propre jardin mais qui souffre cruellement de qualité, ou encore à l’authentique vieille bâtisse de campagne à rénover. Alors, je me demande quelle est la place de l’architecture contemporaine dans tout ça ?
J’ai envie d’explorer les périphéries des domaines conventionnels de l’architecture de la maison individuelle. La conception d’une maison est à chaque fois une nouvelle aventure ; c’est un projet de vie : on entre dans l’intimité des personnes.”

Raphaëlle Hondelatte

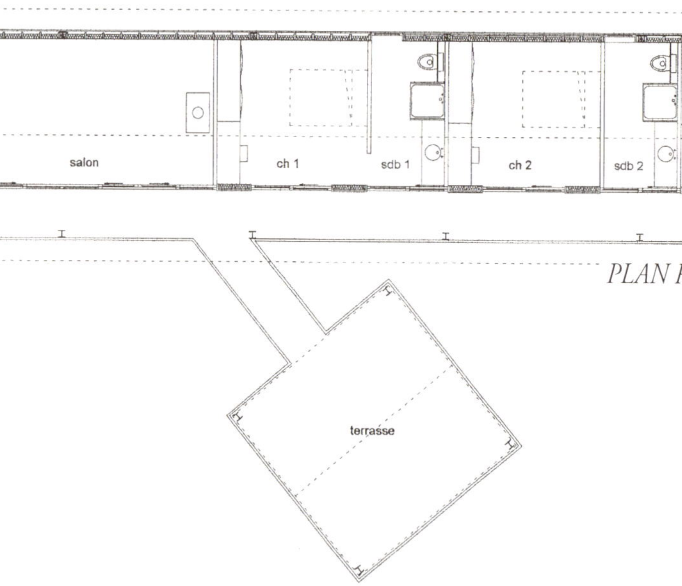

PLAN R + 1

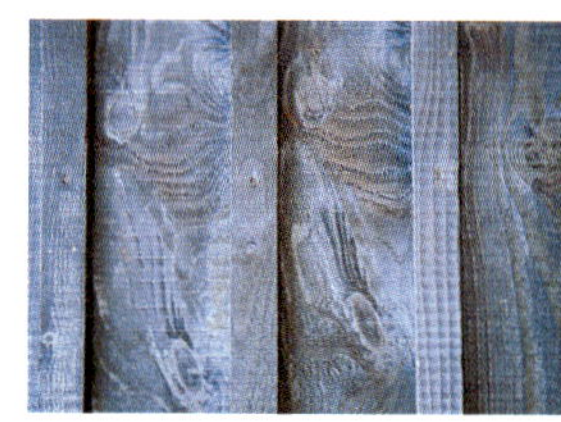

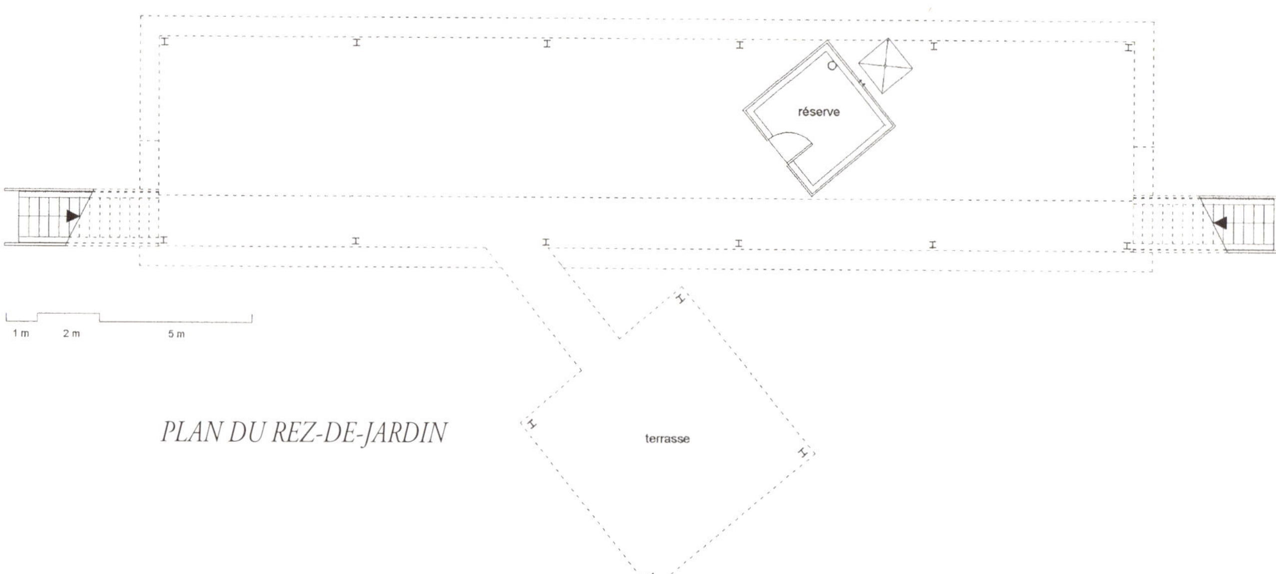

PLAN DU REZ-DE-JARDIN

Vue du salon avec les murs en contreplaqué de pin. À gauche, bibliothèque réalisée par le maître d'ouvrage.

Vignettes page ci-contre : gros plan sur le bardage vertical en voliges brutes de pin des Landes posées avec des couvre-joints. Le black vernish appliqué sur le bois est le produit utilisé par les ostréiculteurs de la région pour leurs bâtiments.

Maison à Marie-Galante

Brice Kohler

Marie-Galante, troisième île des Antilles françaises par sa superficie (157 km^2) se situe au sud-est de la Guadeloupe dont elle dépend administrativement. Véritable jardin dans la mer, bordée à l'est par l'océan Atlantique et à l'ouest par la mer des Caraïbes, l'île présente une forme quasi circulaire d'un diamètre d'environ 15 kilomètres au sein d'une zone tropicale humide située sur le seizième parallèle. Célèbre, entre autres, pour ses cultures de canne à sucre et sa production de rhum, l'île compte 15 000 habitants.

Adossée au flanc du morne (petite colline arrondie), Lalanne à la sortie du village de Grand-Bourg, la maison dessinée par Brice Kohler jouit d'une vue exceptionnelle sur l'océan avec à l'horizon l'île voisine de La Dominique. Au volume principal reprenant la typologie de la case antillaise, le maître d'œuvre a adjoint un volume tout en longueur abritant les chambres qui ouvrent sur une galerie couverte prolongée par la plage de la piscine.

La structure de la maison est mixte. À l'arrière, elle est constituée d'un mur en parpaings recouvert d'enduit. Pour les façades principales, la structure est à ossature bois sur laquelle a été posé un bardage en courbaril, bois tropical extrêmement résistant. Cette essence de bois a également été utilisée pour l'ossature de la galerie. Le caillebotis de la terrasse est en ipé. Pour le travail du bois, l'architecte s'est adjoint les compétences d'artisans locaux, Luc Lambert pour la charpente et Patrick Cimber pour la menuiserie et le mobilier. Quant au toit, il est en tôle métallique, matériau employé traditionnellement pour la couverture des cases.

Les espaces intérieurs en relation directe avec l'extérieur – ouvertures à jalousies à la place des vitres – se composent d'une cuisine, une buanderie, un salon et de quatre chambres pourvues de salles d'eau.

Année d'achèvement : 1999
Surface habitable : 100 m^2
+ 290 m^2 de galerie couverte et terrasse

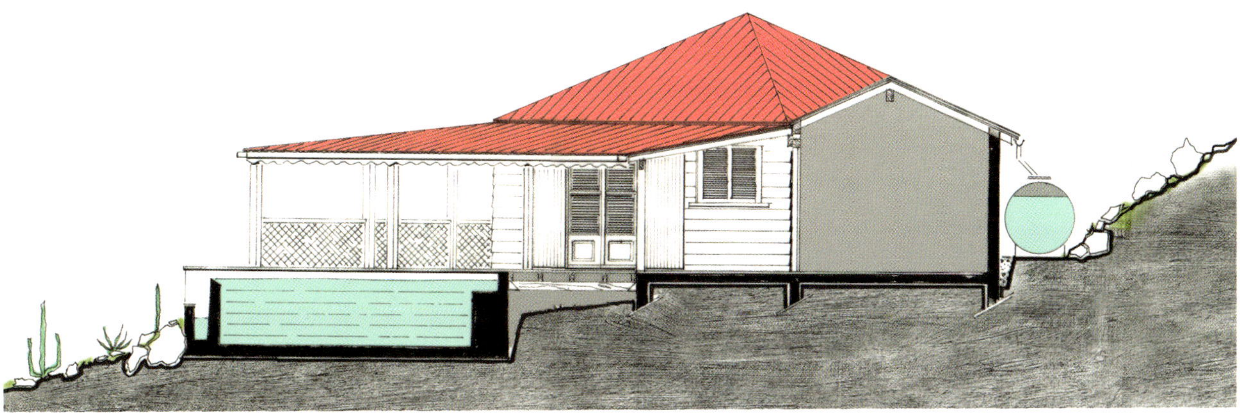

Au premier plan, le coin repas sous la galerie devant la porte-fenêtre du salon et de la cuisine.

L'enfilade des chambres ouvrant sur la galerie face à la piscine et à la mer.

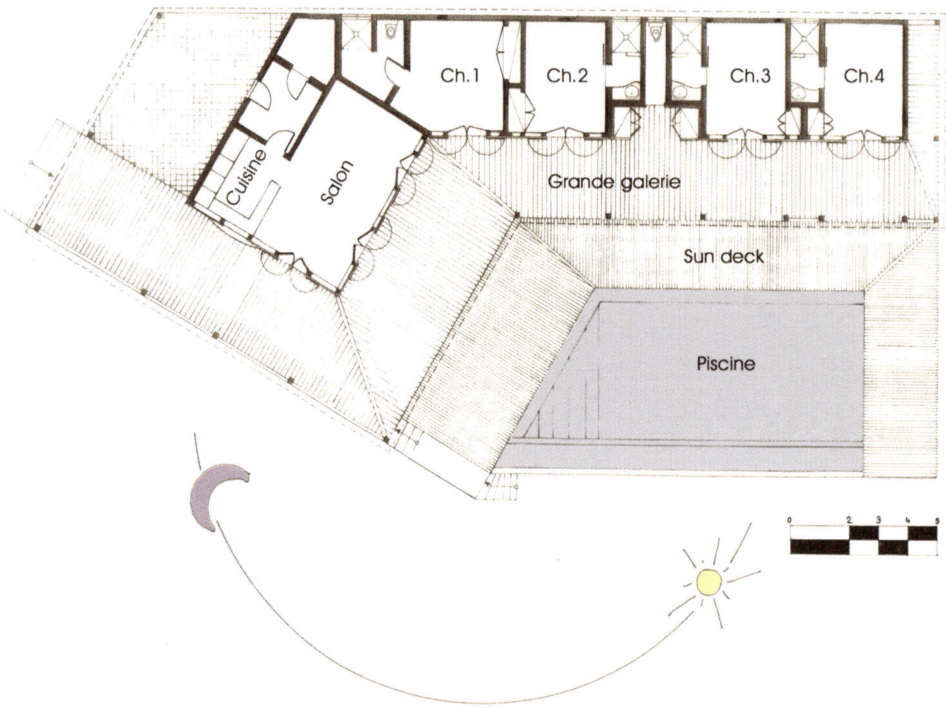

Ci-dessous, illustration issue du mémoire Marie-Galante, le jardin dans la mer *par Rudy Guillou et Brice Kohler.*

“Issue d’un terreau local riche en couleurs, la maison devait être un réceptacle sensoriel, une fenêtre sur la nature.”

Brice Kohler

Perspective depuis l’entrée avec la mer à l’horizon.

Vue depuis la cuisine sur une partie du salon.

Étagement des couleurs avec en toile de fond le rideau végétal du morne. Notez la frise sous le toit masquant la gouttière.

Gros plan sur la porte-fenêtre à jalousie d'une des chambres avec ses éléments mobiles horizontaux laissant passer l'air et servant également à tamiser la lumière.

Accès à la maison. À terme, la pergola au premier plan, sera recouverte de végétation.

Vue de la maison côté ouest partiellement masquée par la végétation luxuriante propre aux tropiques.

Maison Katz-Reniers

Victor Lévy

À Uccle au sud de Bruxelles, la maison Katz-Reniers nichée sur les berges d'un ancien étang asséché depuis une cinquantaine d'année, est l'œuvre de l'architecte Victor Lévy. Sur cette parcelle boisée de terrain résiduel au sein d'un tissu urbain assez dense, avec un sol à faible portance, l'architecte a choisi d'édifier une maison en bois afin d'harmoniser le bâtiment avec l'environnement mais aussi pour des contraintes techniques. En effet, la construction à ossature bois, même en utilisant des fondations classiques (puits pour les pilotis et dalles en béton), a permis un gain de poids de l'ordre de 70 % par rapport à une construction en parpaings ou en briques. Ainsi, la technique de construction bois a-t-elle permis ici de glisser délicatement cette maison sur ce terrain meuble.

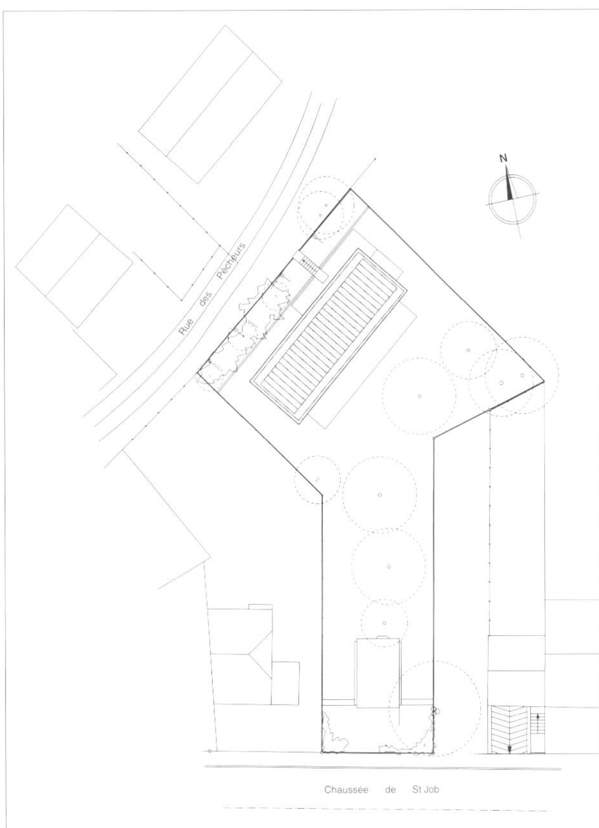

Sur la structure principale a été posée une vêture en cèdre rouge. Enfin, un élégant toit cintré en zinc vient coiffer l'édifice.

Au nord côté rue, seule une fenêtre en longueur à l'étage, positionnée très haut afin de préserver l'intimité, barre la façade. En revanche, côté jardin au sud, la façade est totalement vitrée. Au premier niveau, décollé du sol de 50 centimètres, une galerie couverte court le long de la maison, offrant un espace de transition fort agréable entre le dedans et le dehors. Ce niveau accueille salon, salle à manger, bureau, cuisine ainsi qu'un espace de rangement accessible également de l'extérieur. Le volume de l'entrée se développe sur une double hauteur. À l'étage se déploient trois chambres doublées d'une mezzanine ainsi qu'une salle de bains. Sur la façade-est (voir plan), un volume en encorbellement enrichit la volumétrie de la chambre parentale.

Année d'achèvement : 2000
Surface habitable : 268 m²

Vue plongeante entre deux constructions traditionnelles sur la maison coiffée de son superbe toit cintré en zinc.

Photo en bas à gauche, façade nord avec le volume abrité de l'entrée.

“Il y a quelques années, j'ai eu l'occasion d'assister à une conférence de Cini et Stefano Boeri. Après avoir présenté leur travail et quelques réflexions annexes, ils en sont venus, je ne sais pour quelle raison, à parler de leur maison de vacances. Entendre une mère et son fils parler d'un lieu qui leur est cher était extrêmement formateur.

Cette maison très simple permettait à la fois indépendance et rencontre, liberté individuelle et vie familiale. Cela m'a beaucoup marqué. Lors de nos premières discussions avec la famille Katz, j'ai ressenti des choses qui résonnaient de la même manière. Plus le projet se précisait, plus les similitudes me semblaient claires.

Le lieu m'a également beaucoup touché : un ancien lac, une très belle vue vers le site. Cette maison devait être conçue pour observer.

Plus encore, il me semblait essentiel qu'elle se fonde avec la végétation avoisinante, qu'elle se dépose délicatement sur le terrain, avec respect. Il était également important que cette maison soit habitée, qu'elle fasse partie intégrante de la vie quotidienne, qu'elle puisse évoluer avec le temps, avec l'évolution des enfants, qu'elle m'échappe quelque part. Lorsque j'ai vu le vélo dans l'entrée et le hamac pendu sur la structure, j'ai su qu'elle remplissait parfaitement sa fonction la plus importante : être une maison où l'on habite. ”

Victor Lévy

L'accès à la maison s'effectue grâce à un escalier métallique prenant appui sur le haut du terrain et sur la terrasse devant la porte d'entrée.

Façade sud avec au rez-de-jardin la galerie abritée par le plancher de la terrasse de l'étage.

AXONOMÉTRIE

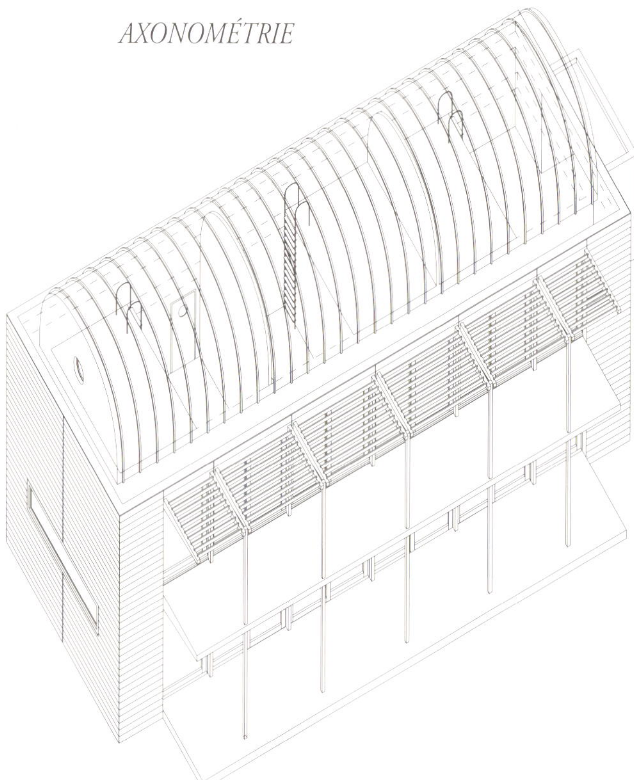

Gros plan sur la jonction entre le bardage en cèdre rouge et le garde-corps en inox.

Perspective sur la terrasse de l'étage flottant au niveau des branches.

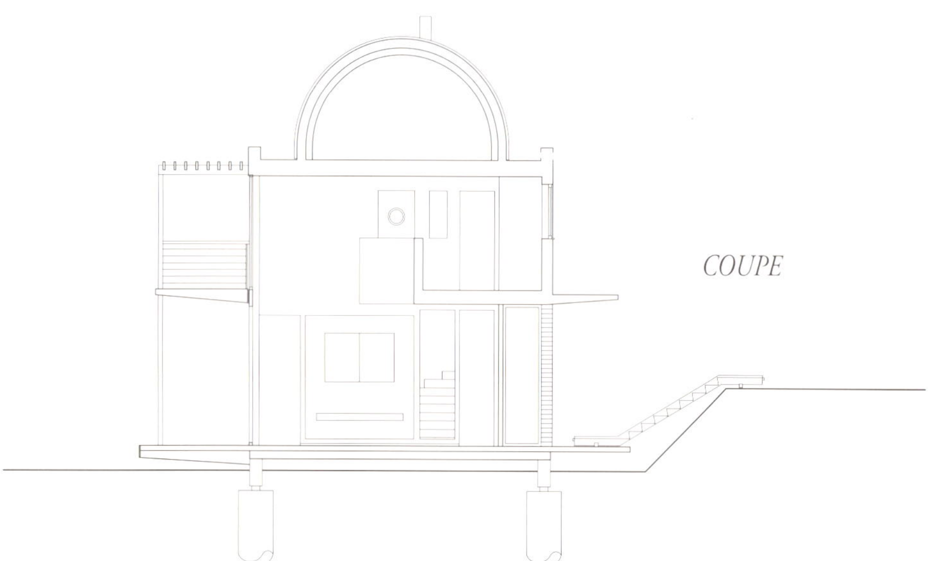

COUPE

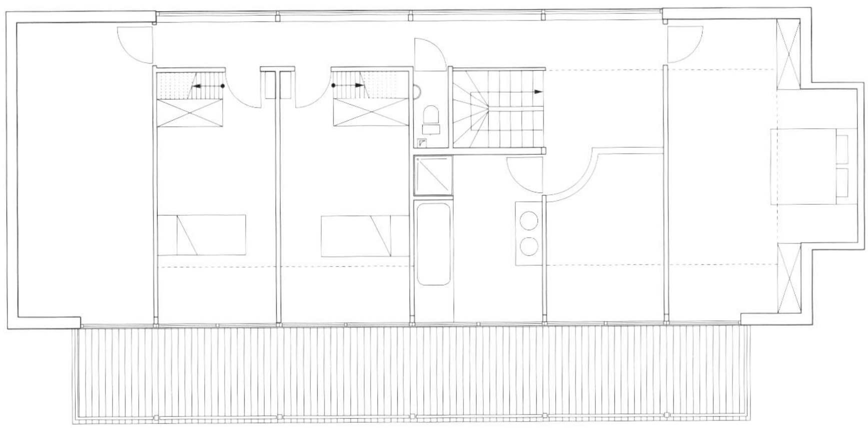

PLAN DE L'ÉTAGE

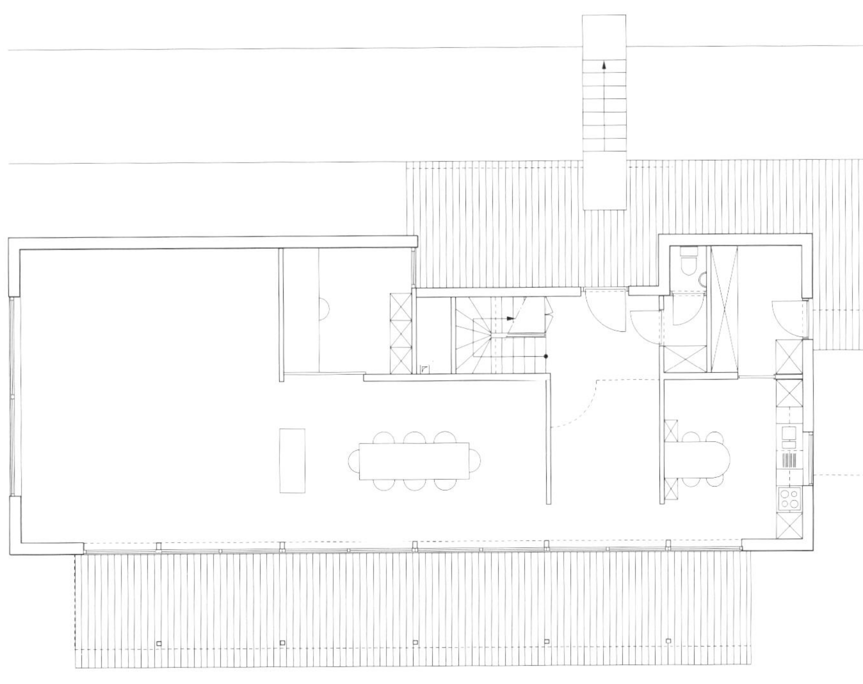

PLAN DU REZ-DE-JARDIN

Vue sur
le généreux
volume de
la chambre
des parents.

Des ouvertures rectangulaires de différentes tailles allègent visuellement la cage d'escalier et génèrent des perspectives entre le hall de l'étage et le couloir.

Vue depuis le palier de l'étage
sur la cage d'escalier
peinte en rouge.

Transparence totale de l'édifice depuis le hall se développant sur une double hauteur.

Maison Versus

Thierry Mazellier

À Droue-sur-Drouette près de Rambouillet, la maison Versus dessinée par l'architecte Thierry Mazellier (agence Drôles de Trames) abrite conjointement habitation et atelier d'artiste. Dépourvue de voirie d'accès et décollée du sol d'une cinquantaine de centimètres, la maison flotte gracieusement dans son site. Au nord, la vue s'étend sur les collines boisées avec en fond de parcelle un magnifique cours d'eau ; au sud, la vue s'arrête sur une végétation haute et dense.

Construite en bois – plancher, ossature et charpente – la maison repose sur une structure horizontale en acier décollée du sol par des potelets fixés sur des plots en béton affleurant le niveau du terrain naturel. Le côté habitation est revêtu de bois d'angélique tandis que la partie atelier reçoit un bardage métallique de tôles d'acier. Le toit est réalisé en bacs-acier de couleur bleu ardoise métallisé. Une étroite collaboration entre l'architecte et l'entrepreneur de construction bois Frédéric Oubradous a permis de réaliser des économies substantielles tout au long du chantier.

Le plan en double exposition inscrit la maison et l'atelier dans un rectangle. Les pans de toiture inversés font que la verrière de l'atelier capte la lumière du nord et celle du séjour la lumière du sud.

À l'intérieur, les parois du séjour et de l'atelier forment une cimaise qui se déroule et s'inverse pour décrire un S (voir plan). L'atelier, prolongé d'un balcon extérieur, dispose sur deux côtés de vastes espaces de stockage ainsi que de sanitaires. L'habitation abrite le séjour ouvrant sur une terrasse, la cuisine, deux chambres et une salle de bains.

Année d'achèvement : 2002
Surface habitable : 140 m²

Plate-forme métallique en cours de montage.

Plan de masse

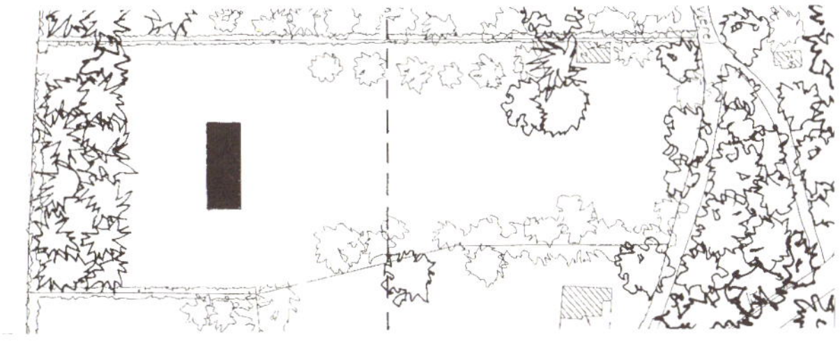

Façade nord avec la grande verrière de l'atelier et à droite, la fenêtre en longueur de la cuisine.

Escalier menant au balcon de l'atelier.

Vue de la façade est.

Façade sud avec la grande verrière du salon ouvrant sur la terrasse en ipé.

Façade ouest avec son bardage en angélique.

“La demeure à Droue-sur-Drouette est un couple Homme/Femme scindé, puis réuni. Toute de netteté technologique, elle offre un parallélépipède d'où s'élèvent de chaque longueur opposée, mais décalées de façon à ne pas se rencontrer, les obliques de deux toits qui ouvrent chaque moitié du volume, l'un vers le nord, l'autre vers le sud… Les deux toits se hissent l'un vers l'autre, se croisent en s'évitant, l'un à côté de l'autre, finissent par se tourner le dos pour asseoir deux parties célibataires, à la fois distinctes et intriquées, un yin au nord, un yang au sud. C'est une tête avec deux yeux comme toute tête ; ici c'est une maison, un œil devant, un autre derrière : elle pense.
On dirait un couple accoudé au même coude.
La structure géométrique de la maison incorpore la réflexion qui l'a vu naître. C'est une maison et son plan, ses dessins, ses esquisses, ses maquettes et ses origamis. Allouer tout en même temps une demeure et son état naissant, sa 'mise en demeure', c'est-à-dire pratiquement donner sensible et tout à fait invisible l'entrelacs du projet et de sa réalisation, Thierry Mazellier le suggère avec légèreté : sans voirie d'accès, posée sur de délicats pilotis, la maison plane dans son pré comme des questions d'amour dans un écrin.”

Alain Sevestre, écrivain

PLAN DU REZ-DE-JARDIN

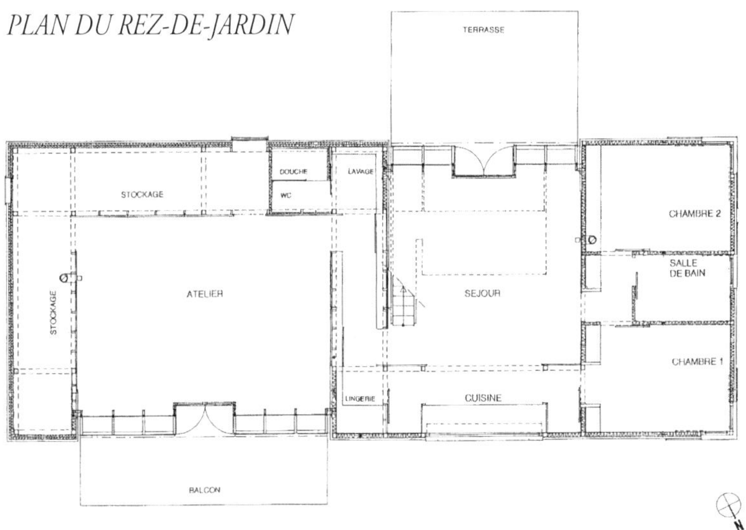

COUPES

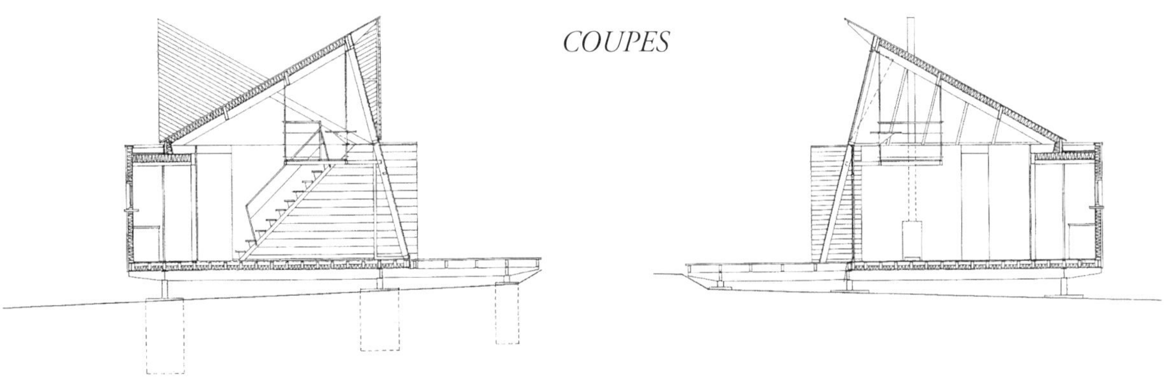

Vue sur la cuisine avec, au-dessus du plan de travail, la fenêtre en longueur qui cadre une magnifique vue sur la nature.

Gros plan sur le bardage métallique et sur le bardage en bois.
Notez à l'angle l'épingle (tôle pliée) assurant la finition.

À droite dans l'atelier,
la réserve à tableaux.

Vue de l'atelier

Vue du salon

Maison au Pouliguen

Philippe Vion

Au Pouliguen, station balnéaire près de La Baule, la maison conçue par l'architecte Philippe Vion érige sa silhouette fluide et organique au sein d'un lotissement peuplé de résidences faussement vernaculaires.

La géométrie de l'édifice repose schématiquement sur la duplication d'un triangle rectangle déplié autour d'un axe. Ce plan engendré par la forme et l'orientation du terrain génère des espaces intérieurs riches et variés, s'articulant autour d'un volume central. Une verrière inversée, située à l'intersection des deux pans de la toiture, constitue la véritable épine dorsale du bâtiment et irrigue de lumière le cœur de la maison. La forme de cette verrière, soutenue par deux poutres en pin massif de 12 m de longueur, a tout simplement été déterminée par le cintrage naturel pris lors de la pose. Puis cette courbure a été figée par la succession de chevrons soutenant le vitrage. Outre la lumière zénithale qu'elle apporte, la verrière offre des échappées visuelles vers le ciel.

Les murs périphériques sont en briques plâtrières et reçoivent extérieurement un bardage en cèdre rouge rythmé toutes les quatre lames par un tasseau saillant. Le toit, dont la courbure des rives évoque un élégant mouvement de vagues, est revêtu d'ardoises. Sur la façade sud-ouest, un original volume vitré en saillie réalisé sans profilés structurels (vitrages à joints vifs) ouvre la cuisine sur le jardin.

L'accès à la maison s'effectue par un porche servant aussi de garage. Le rez-de-jardin accueille entrée, buanderie, atelier, bureau, chambre, séjour, cuisine, salle de bains et un studio. Le soulèvement du toit en partie-est libère un étage partiel qui ouvre à l'extérieur sur une terrasse avec vue sur la baie de La Baule. Ce niveau abrite deux chambres séparées par une salle de bains.

Année d'achèvement : 1995
Surface habitable : 165 m²

Plan de masse

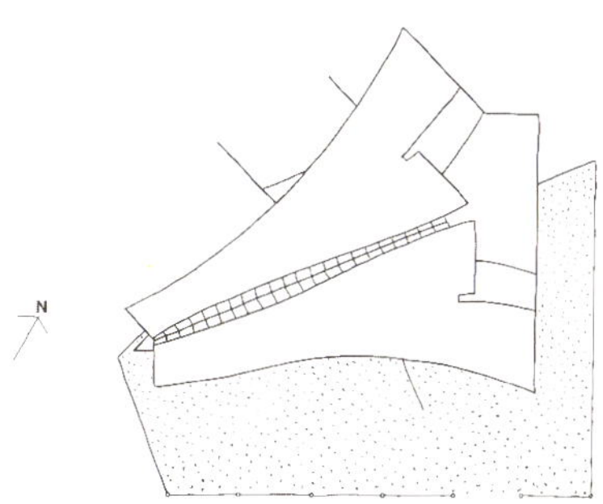

Façade côté jardin

À droite, la porte coulissante du porche d'entrée en métal perforé avec ses tasseaux raidisseurs en bois s'alignant sur ceux du bardage.

Détail de la façade côté rue.

Façade côté rue. Le soulèvement du toit à droite correspond à l'étage partiel.

Gros plan sur les briques plâtrières des murs périphériques.

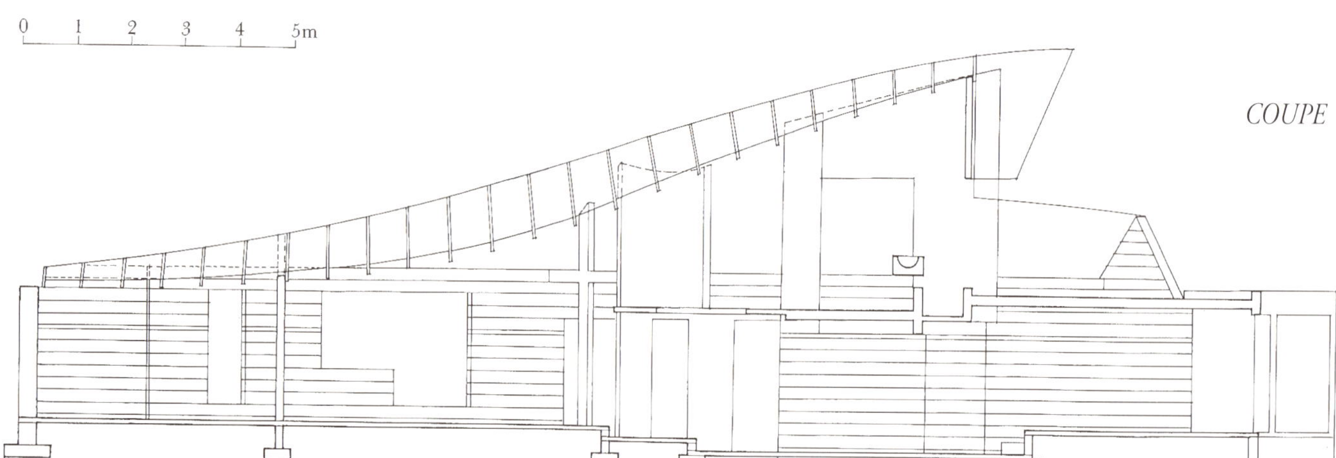

COUPE

Gros plan sur le bardage, rythmé toutes les quatre lames par un tasseau en bois avec, à droite, la porte coulissante du garage en métal perforé.

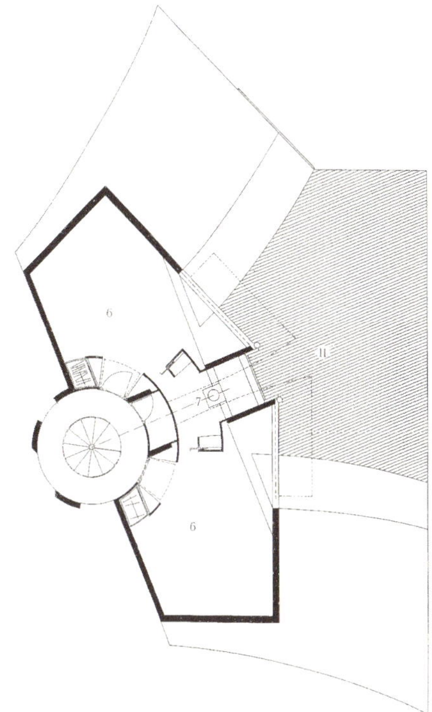

PLAN DE L'ÉTAGE

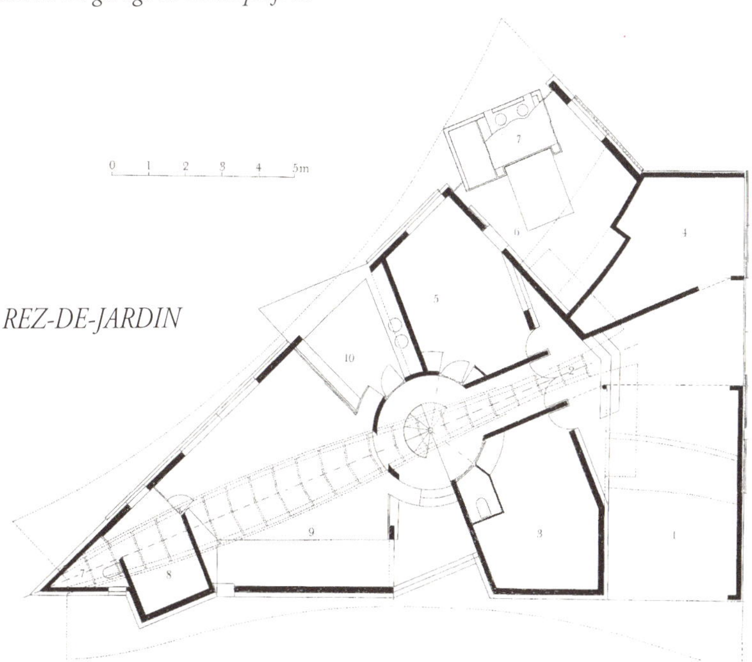

PLAN DU REZ-DE-JARDIN

Le séjour avec au fond l'escalier hélicoïdal desservant l'étage.

Le volume vitré saillant de la cuisine offre une vision panoramique sur le jardin.

“La tendance architecturale minimaliste et radicale du fameux 'moins est plus'* m'intéresse moins que les architectures qui acceptent la vérité de leurs éléments avec leurs propres matériaux et couleurs tout en atteignant subtilement le minimum essentiel, la sérénité, la retenue : plus n'est définitivement pas moins !
Pour cette maison, dont la géométrie m'a été inspirée par les propriétaires, aidé par les Bâtiments de France, j'ai été plutôt maximaliste.”

Philippe Vion

* Mies Van Der Rohe

La verrière inversée vue d'en dessous avec de part et d'autre le plafond habillé de panneaux de peuplier.

Annexe

Maisons en bois publiées dans les volumes précédents de la série "Maisons d'architectes"

A.C.A.U. Maison Bidaud, Rouen, 1992 – vol. 1
Donati Monica / Dubor Bernard. Maison au Vésinet, 1986 – vol. 1
A.C.A.U. Maison Blot, Vaux-sur-Seine, 1996 – vol. 2
Duplantier Laurent. Maison aux Abatilles, Arcachon, 1992 – vol. 2
Duplantier Laurent. Maison au Cap-Ferret, 1992 – vol. 2
Lacoudre Jean-Baptiste. Maison dans la forêt, Augerville-la-Rivière, 1995 – vol. 2
Marty Claude. Maison Guyonnet-Dupérat, Arcachon, 1993 – vol. 2
Marty Claude. Maison Saint-Marc, Cap-Ferret, 1984 – vol. 2
Starck Philippe. Maison "3 Suisses", région parisienne, 1993 – vol. 2
Bidaud Christophe. Maison Lemiegre, Rouen, 1996 – vol. 3
Bour Yves / Esselinck Xavier. Maison à Samois-sur-Seine, 1991 – vol. 3
Duplantier Laurent. Maison au Moulleau, Arcachon, 1991 – vol. 3
Goujon Arnaud. Maison sur le toit, Paris, 1997 – vol. 3
Grignou Michel. Maison Ti Contreplaque, Quimper, 1995 – vol. 3
Lafagne Marc. Maison Lemaître, Cormeray, 1997 – vol. 3
Barrier Jean-Yves. Maison en Touraine, 1991 – vol. 4
Duplantier Laurent. Maison à Lacanau, 1999 – vol. 4
Vollmar Hugo. Maison au bord de l'eau, région parisienne, 1996 – vol. 4

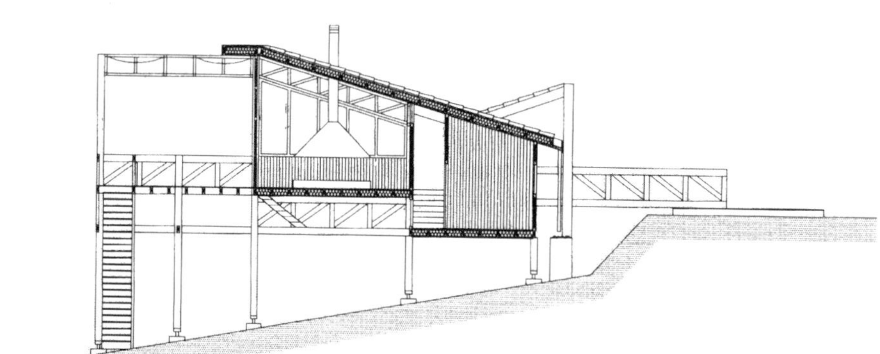

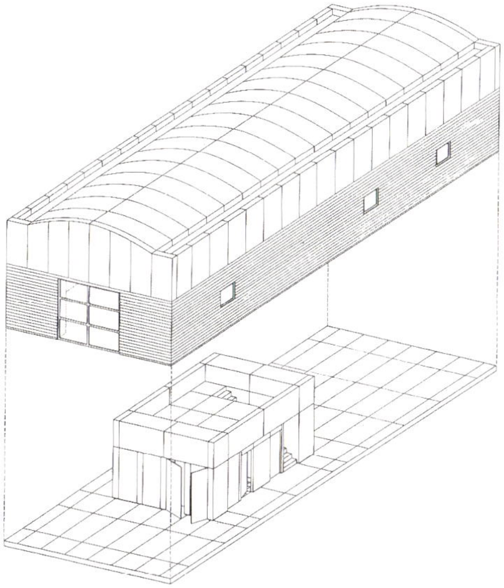

Crédits photographiques

Toutes les photos sont de l'auteur sauf :
Thierry Mazellier : page 139.
Philippe Vion : pages 148, 149, 154.

Remerciements

Merci à :

Gérard Aimé
Patrice Aoust
Sabine Bledniak
Dominique Brugheail
Pascaline Chaumat
Lina Claudet
Daniel Depresle
Christophe Durain
Frédéric Durand
Armel Ferroudj-Bégou
Jean-Marie Haquette
Manfred Hoffmann
Marie-Odile Lefort
Fabienne Lesage
Catherine Paradis
Laurent Pippinato
Hervé Ternisien
Gilbert Volker

ainsi qu'aux architectes et aux propriétaires des maisons
sans lesquels ce livre n'aurait pu voir le jour.

Si vous souhaitez obtenir les coordonnées
des architectes cités dans cet ouvrage, écrivez à :
Joël Cariou
Editions Alternatives
5, rue de Pontoise 75005 Paris

Conception graphique : Didier Thimonier
Maquette : Patrice Aoust

Impression, façonnage :
Punto Grafico, Brescia
IMPRIMÉ EN ITALIE

Achevé d'imprimer en septembre 2004